AF557181

GÜNTHER JONTES

101 STEIRISCHE Kostbarkeiten

Bibliografische Information der Deutschen Bibliothek
Die Deutsche Bibliothek verzeichnet diese Publikation
in der Deutschen Nationalbibliografie;
detaillierte bibliografische Daten sind im Internet
über http://dnb.ddb.de abrufbar.

Die Fotos stammen von
© Gery Wolf und © Kurt Roth
sowie von:
© Barbara Majcan, Graz: S. 11
© Akademische Druck- u. Verlagsanstalt, Graz: S. 14, 80, 106
© Günther Jontes, Leoben: S. 14, 22, 40, 45, 63, 64, 70, 85, 91, 100, 103
© Universalmuseum Joanneum GmbH, Graz:
21, 41, 43, 89, 99, 106, 122, 123 (Niki Lackner),
71 (Christoph Huber, Ernst Reichenfelser),
74, 75 (Gradischnigg),
© VA Erzberg/ Fotograf August Zöbl: S. 15
© Herbert-Boeckl-Nachlass, Wien: S. 16
© Christoph Lukas: S. 17
© Stadt Liezen: S. 19
© Ölmühle Fandler: S. 20
© Steiermärkisches Landesarchiv, Wolfgang Buchner: S. 24
© KHG Graz: S. 30/31
© P. Severin Schneider OSB, Benediktinerabtei Seckau: S. 39
© Fotocredit: Christian Brunnthaler: S. 44, 64, 65
© Region-Murtal – Michael Königshofer: S. 52
© LT-Stmk-Florian Eigletsberger: S. 58, 59
© Stadtgemeinde Bad Radkersburg: S. 62
© „Die Riegersburg“: S. 66/67
© Heinz Bosic: S. 69
© FOTO FREISINGER: S. 72
© Benediktinerstift Admont: S. 83/84
© „Graz Tourismus“ Harry Schiffer: S. 93
© Grand Htel Wiesler: S. 96
© Rudolf Pauli: S. 97
© Anton Barbic: S. 97
© ORF/Zepp-Cam: S. 58, 105, 122
© ORF/Regine Schöttl: S. 105
© Evangelische Pfarrgemeinde A.u.H.B. – M. Tragbauer: S. 107
© Uni Graz: S. 117
© Dr. Christian Berg: S. 118
© Foto Fischer: S. 119
© Jüdische Gemeinde Graz: S. 119
© Erwin Wurm: S. 120
© Andrew Bush: S. 120
© MCG Krug: S. 121
© Kunsthaus Graz/Martin Grabner: S. 123

Druck u. Bindung: Medienfabrik Graz GmbH

ISBN 978-3-201-02061-9
Printed in Austria

INHALT

VORWORT

des Verfassers

„Grüne Mark“ ist wegen seiner Forste, Naturwälder und Schachen der Charaktername des Steirerlandes. Aber auch sein Reichtum an Kunstschätzen und Kunstwerken sollte einen solchen Übernamen verdienen, wenngleich „Schätze“ eher Truhen voller Geschmeide und Dukaten als ein dynamisches Element in den Vordergrund rücken würden. Und „Werke“ könnte man eher die immobilen statisch aufragenden Bauten nennen. Eines steht jedoch fest: Die prominenten steirischen Kunstwerke sind nicht nur Sache der Kunsthistoriker. Sie können auch das ästhetische Empfinden von allgemein gebildeten und interessierten Landsleuten oder touristischen Besuchern und von innere Erhebung suchenden Menschen abdecken und befriedigen. Und so kann dieses Buch von der Urgeschichte bis in die Gegenwart begleiten, von Museumsgut bis hin zu modernen Landmarken.

Viele der genannten Kunstgenießer sind stets mit dem „Dehio“, dem seit der Zwischenkriegszeit verlegten und ergänzten unabdingbaren „Handbuch der Kunstdenkmäler Österreichs“ in seinen Bänden „Steiermark“ und „Graz“ unterwegs. Und auch hier zeigt sich ein bekanntes Phänomen, das auch die Quellenforschung in den geistesgeschichtlichen Disziplinen berührt, nämlich dass es entweder zu wenige oder zu viele Details gibt, die deshalb unterfordern oder überfordern.

So stehen wir auch in der Steiermark manchmal vor dem Problem, unter die Kostbarkeiten entweder das allseits und vielerseits Bekannte und Gerühmte, etwa an gotischen Kirchenportalen, auszuwählen oder vielleicht gar einer nahezu unbekannten Dorfkirche den Vorzug zu geben. Da gilt es halt, einen gesunden Mittelweg einzuschlagen. Denn auch über die bestens bekannten Schätze gibt es immer wieder Neues zu sagen, sei es nun einem neuen Blickwinkel oder fruchtbaren Forschungsergebnissen geschuldet. Dann können wir uns wohlgemut und genussvoll in die Thematik dieses Buches vertiefen.

Spricht man nun diesen Kunstgenuss als „elitär“ an, so muss dieser nicht einem Kunstgeschichtestudium entsprießen, das oft als „Orchideenfach“ bezeichnet wird: Wunderschön, aber, wie bei den Orchideen, fruchtlos und kaum für eine akademische Laufbahn zu gebrauchen, da solche Dienststellen äußerst rar sind. Das Studium gilt aber als „nobel“ und eignet sich auch als ein Ziel von Titelsucht und Visitkartenzier. Ein weiter Bogen also, der uns hier aber nicht weiter beschäftigen soll. Das Buch ist eben für alle da, und es soll der Erbauung dienen, die in unseren Tagen durch die ablenkende Fülle der Bilderfluten des Netzes so eingeengt wird. Unsere Photographen Gery Wolf und Kurt Roth haben dazu das Ihre an lichtbildnerischer Kunst geliefert und auf ihre Art und Weise das Buch neben meinen Texten zu einer wahren Augenfreude gemacht. Auch aus dem Archiv Bilderflut Jontes ist einiges zugeflossen.

Die Akademische Druck- u. Verlagsanstalt Graz (ADEVA) hat mit ihrem emsigen Stab unter dem Dirigat des Verlagsinhabers und verlegerischen Willensträgers Dipl. Ing. Paul Struzl das Buch in ein optimales Bild-Text-Gefüge gesetzt. Koordinierend war dabei Mag. Oliver Roth aus weiter Ferne tätig.

Damit ist diese Fassung der „Steirischen Kostbarkeiten“ gleichsam ein neues, stark erweitertes Buch geworden, dem man eine weitum wirkende Verbreitung wünschen kann. Viel Ansporn kam dabei auch vom jetzt emeritierten Landeshauptmann Hermann Schützenhöfer, dessen waches Interesse an unserem Vorhaben stets spürbar war.

Prof. Dr. Günther Jontes

EINLEITUNG

Grußwort von Landeshauptmann Christopher Drexler

Bei Kostbarkeiten denkt man wohl zuerst an Schätze, Edelsteine oder Schmuck. Doch dies ist zu kurz gedacht, sind es doch ebenso die Kunstschätze, denen unsere Aufmerksamkeit gelten sollte. Sie sind nicht nur Zeugnis herausragender kreativer Leistungen, sondern spiegeln auch unser Land mit seiner Vielfalt, seinen Menschen und seiner einzigartigen Lebensweise wider. Wir Steirerinnen und Steirer können uns glücklich schätzen, denn unsere Heimat ist reich an solchen Kostbarkeiten.

Der Band „101 Steirische Kostbarkeiten" vermag eine große Bandbreite steirischer Kunstwerke abzulichten und selbst Altbekanntem durch zusätzliche Blickwinkel einen neuen, dem Betrachter bis dato unbekannten Anschein zu verleihen. Zudem holt das Werk auch kleine, weniger prominente Schöpfungen vor den Vorhang und präsentiert so die künstlerische Vielfalt der Steiermark, vom Dachstein bis zum Thermenland, in all seiner Buntheit und Fülle. Die überarbeitete Fassung der „100 Steirischen Meisterwerke" gibt einen bemerkenswerten Einblick auf das, was unsere Heimat so lebenswert macht.

Mein Dank gilt allen Verantwortlichen, die zur Herausgabe dieses Werkes beigetragen haben sowie der Akademischen Druck- und Verlagsanstalt für die Herausgabe und Neugestaltung dieses Bandes. Sie ermöglicht einen neuen Blick auf die schönsten Kunstwerke unseres Landes. Ich wünsche den Leserinnen und Lesern viel Vergnügen, Inspiration und unvergessliche Momente beim Streifzug durch die Kostbarkeiten unserer Steiermark.

Ihr Landeshauptmann
Christopher Drexler

DER STEIRISCHE PANTHER

Ein mythenbeladenes Wappentier

Unter den Wappen der österreichischen Bundesländer ist wohl das der Steiermark das in seiner imponierenden Einfachheit das bekannteste. Das Landes-Verfassungsgesetz von 2010 macht die Blasonierung, wie man eine Wappenbeschreibung nennt, zur Vorschrift, die keine andere Darstellung duldet. Es heißt:

Das Wappen des Landes ist im grünen Schild der rotgehörnte und gewaffnete silberne Panther, der aus dem Rachen Flammen hervorstößt. Der Wappenschild trägt den historischen Hut".

Letzterer zählt zu den absoluten historischen Zimelien des Landes. Im Prinzip als Kronreif aus der Gotik stammend, wurde er im zentralistischen Staat der Aufklärung beinahe vergessen und erst wieder durch Kaiserin Maria Theresia als steirischer Herzogin barock restauriert. Auf dem Stadtwappen der Landeshauptstadt Graz, das mit dem Landeswappen identisch ist, fehlt er.

Dieser steirische Panther tritt zum ersten Mal 1160 im Siegel des Markgrafen Ottokar III. aus dem Hause der Traungauer auf.

Als sich der steirische Adel auf die Seite des böhmischen Königs Ottokar II. Przemysl schlug, was diesen zum steirischen Herzog machte, trug der auch als Dichter hervorgetretene Herrand von Wildonie eine Fahne mit diesem Wappen den Truppen voraus. Der steirische Autor Otacher ouz der Geul / Ottokar aus der Gaal fasste dieses kriegerische Ereignis um 1315 in seiner Steirischen Reimchronik in mittelhochdeutsche Verse:

ein banier grüene als ein gras /
darin ein pantel swebte /
blanc, als ob ez lebte

Diese Chronik besteht aus sagenhaften 100.000 Versen und ist das erste umfassende Geschichtswerk in deutscher Sprache überhaupt.

Der Böhmenkönig wurde dank dieser Hilfe auch steirischer Herzog und auf ihn gehen nach seinem Sieg 1261 im Lande die planmäßig gegründeten Städte Leoben und Bruck an der Mur zurück. Das ostpreußische Königsberg ist nach ihm benannt, weil er auch dort wirkte.

Der exotische Panther ist heraldisch gesehen eigentlich ein Fabelwesen und wird schon in der Spätantike im *Physiologus* erwähnt. Dieser ist eine frühchristliche Naturlehre in griechischer Sprache aus dem 2. bis 4. nachchristl. Jahrhundert und beschreibt Pflanzen, Tiere und Steine mit Bezug auf den christlichen Heilsweg der Erlösung. Vom *Panthera* heißt es, dass er, wenn er genug gegessen hat, drei Tage lang schläft. Wenn er dann erwacht, erhebt er seine Stimme und verströmt einen köstlichen Wohlgeruch, der alle Tiere anlockt. Sein Feind ist der Drache, aber dieser fürchtet den Panther. Der dreitägige Schlaf wird auch mit dem von Jesus verglichen, der nach drei Tagen Grabesruhe wieder auferstanden ist.

Vom Gesetz her ist der Steirische Panther in seiner Verwendung eingeschränkt, kann aber Institutionen und Firmen auch ehrenhalber verliehen werden.

„HOCH VOM DACHSTEIN AN"

Die steirische Landeshymne und ihre historische Dimension

Hymnen, die als musikalische Symbole für Staaten und Länder stehen, gab es einst nur in geringer Zahl. Die bekanntesten und bis heute unveränderten sind wohl Großbritanniens *God save the King* und die französische *Marseillaise*. Aber zu den frühen Landeshymnen kann man auch die steirische zählen. Vier Strophen zählt die offizielle Form, deren Text der Grazer Buchhändler Jakob Dirnböck (1809-1886) verfasst hatte und der dann von dem Grazer Domorganisten Ludwig Karl Seydler (1810-1888) vertont worden war.

Und das ist die heute gültige und gesetzlich verankerte Gestalt:

1
Hoch vom Dachstein an, wo der Aar noch haust,
bis zum Wendenland am Bett der Sav'
und vom Alptal an, das die Mürz durchbraust,
bis ins Rebenland im Tal der Drav'
Dieses schöne Land ist der Steirer Land,
ist mein liebes teures Heimatland,
dieses schöne Land ist der Steirer Land,
ist mein liebes, teures Heimatland!

2
Wo die Gemse keck von der Felswand springt
Und der Jäger kühn sein Leben wagt;
wo die Sennerin frohe Jodler singt
am Gebirg, das hoch in Wolken ragt.
Dieses schöne Land ist der Steirer Land,
ist mein liebes, teures Heimatland!

3
Wo die Kohlenglut und des Hammers Kraft,
starker Hände Fleiß das Eisen zeugt,
wo noch Eichen stehn, voll und grün von Saft,
die kein Sturmwind je noch hat gebeugt.
Dieses schöne Land ist der Steirer Land,
ist mein liebes, teures Heimatland!

[*Wo der Mais und Haid'n herbstlich duftend blühn*
Und des Obstes Füll' so lachend keimt;
Wo im Unterland süße Trauben glühn,
Deren edles Blut wie Perlen schäumt.
Dieses schöne Land ist der Steirer Land,
ist mein liebes teures Heimatland!

Wo am Kirchweihfest nach alter Weis
Sanfter Zither Ton und Hackbrett klingt
Und der wackre Bursch rasch und flink im Kreis
Holde Dirnen froh im Tanze schwingt.
Dieses schöne Land ist der Steirer Land,
ist mein liebes, teures Heimatland!

Wo noch deutsches Wort und Handschlag gilt,
Frommer Sinn noch herrscht und Tugend währt;
Wo auf Mädchenwang noch das Schamroth spielt
Und die Hausfrau klug den Segen mehrt.
Dieses schöne Land ist der Steirer Land,
ist mein liebes, teures Heimatland!

Wo's im schlichten Rock, wie im Fürstengewand
Edle Männer gibt voll weisem Rath,
Die ein Schutz und Schirm für das treue Land
Rüstig vorwärts geht in reger That.
Dieses schöne Land ist der Steirer Land,
ist mein liebes, teures Heimatland!

Wo in jedem Arm die geerbte Kraft
Habsburgs Enkeln blüht von alter Treu.
Für den Kaiser gern jeder sich rafft
Und dann eisern steht in Schlachtenreih'.
Dieses schöne Land ist der Steirer Land,
ist mein liebes, teures Heimatland!

Wo des Dampfes Kraft nun mit Sturmgewalt
Alles fortbewegt auf eis'ner Bahn
Und sich Fleiß und Müh' zeigen vielgestalt
Und ein neuer Geist als ihr Gespann.
Dieses schöne Land ist der Steirer Land,
ist mein liebes, teures Heimatland!]

4
Wo sich lieblich groß eine Stadt erhebt
Hart am Atlasband der grünen Mur,
wo ein Geist der Kunst, des Wissens lebt,
dort im hehren Tempel der Natur.
Dieses schöne Land ist der Steirer Land,
ist mein liebes, teures Heimatland!

Als offizielle Hymne sind nur die Strophen 1 bis 4 anzusehen und werden in dieser Weise auch gesungen. Die anderen sind nur als Teile des kompletten Textes von Jakob Dirnböck anzusehen. Sie wurden aus verschiedenen Gründen ausgeschieden, da sie sprachlich schlecht, zu idyllisch oder auch zu martialisch waren. Sein gültiger Text wurde von Ludwig Karl Seydler in vierstimmigem Satz in G-Dur vertont und kam erstmals 1844 bei einem Festakt der von Erzherzog Johann initiierten Landwirtschafts-Gesellschaft zur Aufführung. Die steirische Landeshymne war auch weltweit das erste Musikstück, das drahtlos durch den Äther gesendet wurde. Dies geschah am 15. Juni 1904 als quasi erste Rundfunksendung durch den Assistenten Otto Nußbaumer an der damaligen Technischen Hochschule in Graz und zwar auf der kurzen Strecke zwischen zwei Hörsälen.

Nach der Abtrennung der Untersteiermark, die dem Königreich der Serben, Kroaten und Slowenen anheimgefallen war, wurden Text und Melodie am 3. Juli 1929 zur Landeshymne erklärt und verblieben so unverändert, trotz mancher Versuche reaktionär-„fortschrittlicher" Kräfte", sie abzuschaffen. Und das ist gut so, denn sie ist auch ein historisches Dokument der Geschichte der Steiermark.

Wegen der großen Intervalle innerhalb der Melodie ist das „Dachsteinlied", wie man die Hymne auch nennt, schwierig zu singen. Man begnügt sich deshalb meist mit der ersten Strophe.

STEIRISCHER WORTSCHATZ

Identität über die Sprache

Was sind Mundarten oder Dialekte, wie man sie auch nennt? Sie sind keineswegs verdorbene und schlampige Formen einer Schrift- oder Hochsprache. Ganz im Gegenteil. Diese sind vielmehr aus Mundarten entstanden und haben durch das Niederschreiben einen verbindlichen Charakter erhalten, wie uns Martin Luther mit seiner Bibelübersetzung so schön bewiesen hat. Daraus ist unsere heutige schöne deutsche Muttersprache gewachsen, die von Norddeutschland bis Südtirol und vom Elsass bis nach dem Burgenland reicht und als „Österreichisches Deutsch" uns lieb und wert geworden ist.

Die steirischen Mundarten sind sehr vielfältig und unterscheiden sich untereinander in Aussprache, Wortschatz, Satzbau und Redensarten. Man vergleiche nur einmal einen Fürstenfelder mit einem Ausseer. Das Steirische gibt es nicht, dafür aber viele steirische Dialekte, die eine große Schatztruhe unserer besonderen steirischen Identität darstellen. Diese sprachlichen Schätze zu bewahren, müssen wir uns anstrengen. Gefahren gehen nicht nur davon aus, dass Rundfunk und Fernsehen die Hochsprache bis in den letzten Talwinkel tragen. Das ist auch Recht so, wenn dieses Deutsch auch ein schönes und korrektes Deutsch ist. Ganz abgesehen davon, dass die Jugend die Hochsprache auch in der Schule lernt und durch Lesen festigen sollte. Als wichtigster Bewahrer der lokalen und regionalen Mundarten gilt in Teilen auch noch die bäuerliche Welt außerhalb der Städte, während in diesen bereits andere sprachliche Erscheinungen zu finden sind. Hier spricht man heute die gemeindeutsche Umgangssprache, derer auch wir uns im Alltag bedienen. Sie ist bei uns je nach Region vor allem von den Selbstlauten der Mundart gefärbt. Und es gibt auch noch Dichter, die diese Mundarten in ein poetisches Gewand kleiden. Und auch die Trachten, die Festtagskleidungen und die Bräuche, Essen und Trinken lassen sich unterscheiden. Das vorindustrielle Bauerntum hat im letzten Jahrhundert den dramatischsten soziologischen, technischen und kulturellen Wandel durchgemacht. Wo sind denn heute Knecht und Dirn, wo die Arl und der Wendpflug, die Hoarstubm und die Rachkuchl?

Die österreichischen Mundarten gehören mit Ausnahme der vorarlbergischen zum großen bairisch-österreichischen Sprachraum, der im Laufe von gut einem Jahrtausend durch Siedlerströme und Ausdehnung sich in Untergruppen formiert hat. Die Steiermark gehört sprachlich zum mittelbairischen und südbairischen Dialektgebiet, dessen teilende Linie etwa am obersteirischen Schoberpass von Ost nach West läuft. Man vergleiche einmal die Ausdrucksformen des Ennstales und des Salzkammergutes mit denen der Ost- oder Weststeiermark unter dieser Grenze. Ethnisch ist die Bevölkerung dieser Gebiete den Bajuwaren zuzuordnen, dem historisch in seiner Entstehung geheimnisvollsten Stamm der Germanen.

Materielles und Immaterielles prägen heute auch unsere Alltagskultur. Wir Steirer besitzen noch eine kräftige Landesidentität, die im Zeitalter einer Globalisierung und Gefährdung durch fremde Kulturen auf allen Ebenen immer wichtiger wird. Dieses steirische Selbstverständnis müssen wir aber schützen, fördern und ausbauen. Die Sprache gehört unbedingt dazu. Wir wollen auch im Reden Steirer bleiben und uns gegen Kauderwelsch und Ausverkauf wehren.

DER STEIRISCHE ERZBERG

Erz, Eisen, Stahl auf eigenem Grund und Boden

Die heute gewaltige Stufenpyramide inmitten der Eisenerzer Alpen wird nicht von ungefähr von Alters her der „Steirische Brotlaib" genannt, bestimmt er doch seit rund tausend Jahren in direkter Weise Bergbau, Handel und Wirtschaft der Obersteiermark. Die Jahreszahl 712 als Anfang seiner bergbaulichen Ausbeutung ist durch keinerlei urkundliche Belege bezeugt und dürfte sich auf Missverständnisse, aber auch übertriebene Ehrsucht gründen. Durch schriftliche Belege gestützt, wird der Erzberg erstmals 1171 erwähnt. Die erste Eisenordnung über Abbau und Verteilung wurde im landesfürstlichen Kammergut 1448 erlassen.

Weltweit ist der Steirische Erzberg das größte Vorkommen an Siderit, dem Spateisenstein. Allerdings kann sein Gehalt an Eisen im Erz mit ca. 33,5 % nicht mit den Eisenerzlagerstätten in China, Brasilien, Russland oder Schweden konkurrieren. Er trägt jedoch die zur Stahlerzeugung notwendigen Zuschlagstoffe, vor allem Kalke bereits in sich, was wiederum ein Vorteil ist. Er ist in Mitteleuropa der größte Eisenerztagebau. Trotzdem laufen täglich auf dem Seeweg kommende Eisenerze aus Übersee wie aus Brasilien in Linz an der Donau ein und füttern dort die Hochöfen der Voestalpine. Innerhalb des Konzerns bildet der Erzberg die VA Erzberg GmbH.

Seit 1625 ist die Innerberger Hauptgewerkschaft für Abbau und Verhüttung zuständig. Zu diesem Zwecke wurden dem Berg auch zwei Wirkungsbereiche für den Eisenhandel zugewiesen. Die „Ebenhöhe" ist eine gedachte Ost-West-Linie in 1186 m Seehöhe. Der südliche Teil mit Leoben ist das Absatzgebiet für die Richtung zum Balkan bzw. nach Italien, der nördliche mit Steyr bedient den Donauraum und den Norden. Beide Städte besaßen umfangreiche Privilegien für diesen Handel.
Bis 1720 geschah der Erzabbau durch Manneskraft mit Schlägel und Eisen untertage, anschließend wurde er teilweise auch übertage betrieben. Schließlich verwandelte der Erzberg sich in eine Stufenpyramide, die heute die Landschaft von Eisenerz eindrucksvoll dominiert. Zur Zeit existieren 24 Terrassen von je 24 m Höhe. Der Stollenabbau wurde 1986 aufgegeben. Der konsequente Betrieb verminderte auch die Höhe des Erzbergs, die heute 1466 m beträgt. Heute werden jährlich von cirka 250 Mitarbeitern etwa 14 Millionen t Gestein abgebaut, die dann zu ca. 3 Millionen t Feinerz führen.
Unter den 45 wichtigsten Eisenerzproduzenten liegt Österreich an 23. Stelle, also im Mittelfeld.

Natürlich war die geologisch bedingte Ursache dieses Bergsegens seit Alters her auch ein Spielplatz von Spekulation, der sich in einer bekannten Sage niederschlug, die man in den Typus „Fundweisung durch mythische Wesen" einordnen kann. Da geht es um einen Wassermann, der von den Leuten mit List gefangen genommen worden war. Um sich freizukaufen versprach er diesen, sie könnten unter drei Dingen wählen: Gold für kurze Zeit, Silber etwas länger, aber Eisen auf immerdar! Eine romantische Ballade gießt dies in Reime:

Ein goldner Fuß bald schwinden muß,
Ein silbernes Herz, die Zeit verzehrts,
Ein eiserner Hut hält lang und gut!

Klug wählten die Eisenerzer, und so ist der damit entdeckte Erzberg eine ewige Quelle des Wohlstands und dieses *„Eisen auf immerdar!"* zu einer geläufigen Formel geworden

HERBERT BOECKLS MALERISCHE SICHT DES STEIRISCHEN ERZBERGS

Ein Werk der Moderne schafft Identität

Herbert Boeckl (+ 1966) wurde 1894 in Klagenfurt geboren, war aber mit der Steiermark in vielfältigster Weise verbunden. Er zählt mit seinem malerischen und graphischen Gesamtwerk zu den wichtigsten österreichischen Künstlern des 20. Jahrhunderts. In der Obersteiermark hat er in Seckau mit seinen Fresken zur Apokalypse des Johannes nicht nur der christlichen Kunst neue Wege gewiesen. Zahlreiche Werke beschäftigen sich mit der Landschaft dieser Region und mit der Art und Weise, wie der Mensch des industriellen Zeitalters in sie eingegriffen und sie verändert hat. Jahrelang hat Boeckl sich dabei auch mit der kühnen Gestalt und Struktur des Steirischen Erbergs beschäftigt und diesen auch in einer Folge von sechs großen Ölgemälden dargestellt. Das erste derselben entstand bereits 1942 und zählt heute zum Bestand der Neuen Galerie des Universalmuseums Joanneum.

Diese durch den Abbau zu einer gewaltigen Stufenpyramide gewordenen Erzlagerstätte in einer naturbelassenen alpinen Bergwelt faszinierte den Künstler, der sie in der ihm eigenen expressiven Leuchtkraft der Farben und in reduzierten Umrissformen auf die Leinwand bannte. Diese Farben suggerieren dem Betrachter die Glut des in strahlendem Orange spielenden Roheisens beim Hochofenabstich und weisen den Weg, den das an sich rotbraune Eisenerz vom Abbau an bis zum industriellen Rohstoff durchgemacht hat.

DER GRIMMING

Von der Talsohle direkt in den Himmel

Der Grimming ist wohl neben dem Dachstein der bekannteste und stattlichste Berg der Steiermark. Er steht als isolierter Bergstock zwischen dem Ennstal und dem Hinterberger Tal in Richtung Ausseerland. Sein imposanter Anblick, der sich besonders schön von Liezen darbietet, korrespondiert nicht ganz mit seiner Höhe, die mit 2351 m im unteren Größenbereich der steirischen Hochgebirgsszenerien bleibt. Der Eindruck, den man sich von ihm macht, ist der Tatsache zu danken, dass er unmittelbar aus der Talsohle 1700 m aufsteigt. Er gilt deswegen auch als der mächtigste Bergklotz im ganzen Bereich der Alpen. Das führte auch dazu, dass ihn der Kanzler Aeneas Silvius Piccolomini, der spätere Papst Pius II., der auch die Pfründe der Pfarre Irdning besaß, als „mons altissimus Styriae" bezeichnete, als „höchsten Berg der Steiermark".

Der Grimming besteht aus Kalk und ist bis in 1500 m bewaldet. Auf ihm entspringen keine Bäche, der sogenannte Grimmingbach geht an ihm vorbei. Alpinistisch fordernd ist seine Besteigung von Süden aus. Eine Biwakschachtel wird den oft schnell wechselnden Wetterbedingungen gerecht. Immer wieder fordert er auch Menschenleben. Im Gegensatz zu den südlichen Routen ist ein Erklimmen des Gipfels aus dem Talgrund im Norden mit seinem langgestreckten Sporn ein leichteres Unterfangen.

Urkundlich wird der Berg erstmals als Grimei im Jahre 1268 genannt, wobei eine alpenslawisch-karantanische Wurzel *grm- zu Grunde liegen dürfte, welche „grollen, donnern, tosen" bedeutet und wohl ursprünglich auf den Grimmingbach gemünzt gewesen sein dürfte.

Zahlreiche Sagen umgeben ihn. Den charakteristischen gegen Westen liegenden Einschnitt der Grimmingscharte erklärte der Volksmund damit, dass auf seiner anderen Seite ein mythisch-gewaltiger Ochse am Grasen war, der, als er alles Futter aufgezehrt hatte, sein Haupt über die Kammlinie gestreckt hätte, um auch das Ennstal abzuweiden. Dadurch sei diese landschaftlich bestimmende Scharte entstanden. Die bekannteste Sage aber dreht sich um das sogenannte Grimmingtor, eine Felsformation von etwa 50 m Höhe und 15 m Breite auf der Höhe von Öblarn, in der sich Schätze finden lassen. Zu literarischem Ruhm gelangte das Grimmingtor durch die steirische Dichterin Paula Grogger (1892-1984), die dieses als Hintergrund für eine Ennstaler Familiensaga mitspielen ließ. Sie schuf damit 1926 einen der literarisch bekanntesten Romane der Zwischenkriegszeit.

Die Volkssage vom Grimming gehört zum Themenkreis der Entrückung und des Stillestehens der Zeit und dreht sich um eine arme Mutter, die mit ihrem Kind genau an dem Tag, an welchem sich das Grimmingtor öffnet, durch dieses in das Innere des Berges gelangte. Das geschieht nach einer Sage am Peter-und Pauls-Tag, dem 29. Juni. Und das Tor steht nur in den wenigen Augenblicken offen, wenn in den Kirchen in Öblarn die Wandlung während des Hochamtes geschieht. Die Mutter setzte das kleine Mädchen auf einen Stein, raffte nur einige Tannenzapfen, die da herumlagen auf und verließ eilends die Höhle. Ein Schreck durchfuhr da die Frau: Sie hatte ihr Kind im Berg vergessen. Zwar nahm sie wahr, dass sich die Zapfen in Gold verwandelt hatten, aber ihre Verzweiflung war unendlich. Ein alter Einsiedler gab ihr aber den Rat, im nächsten Jahr zur gegebenen Zeit wieder zum Tor zu kommen. Und tatsächlich öffnete dieses sich und sie fand ihr Kind fröhlich lachend genau an der Stelle wieder, wo sie es vergessen hatte.

PAULA GROGGER UND „DAS GRIMMINGTOR“

Mythische Überhöhung der Heimat

Das Grimmingtor ist eine sagenumwobene Felsformation am Südabhang des landschaftsbestimmenden schroffen Kalkklotzes des 2351 m hohen Grimming, der im Spätmittelalter noch als höchster Berg des Herzogtums Steiermark galt. Das Volk liebt es seit jeher, naturgegebene Landschaftsteile mit Dingen aus der eigenen Lebenswelt zu vergleichen und danach auch zu benennen. Der älteren Volkserzählung nach öffnet sich dieses Felsentor in den Berg einmal im Jahr und zwar nur für den kurzen Zeitraum der Wandlung während des feierlichen Hochamtes am Ostersonntag in Öblarn, von wo aus man das Grimmingtor auch leicht sehen und erkennen kann. Dann kann man auch in eine Schatzhöhle gelangen, aus der man in aller Eile großen Reichtum zusammenraffen kann bis sich das Tor mit dem letzten Glockenzeichen wieder für ein Jahr schließt.

In Öblarn erblickte 1892 die Dichterin Paula Grogger das Licht der Welt, die mit ihrem Roman „Das Grimmingtor“ 1926 einen der erfolgreichsten Romane ihrer Zeit schrieb. In viele Sprachen übersetzt, wird in diesem Buch die erwähnte Sage mit einer Familiensaga verwoben, die in die Zeit der Franzosenkriege um 1800 entführt. Diese hatten auch das Ennstal besonders hart getroffen. Nicht nur Begeisterung erntete das literarische Meisterwerk bei den Zeitgenossen. Der Salzburger Erzbischof warf dem Roman „triebhafte Erotik“ vor, ein Vorwurf, der uns heute unbegründet erscheint. Die Dichterin konnte diese Kritik aber nie ganz überwinden. Zwar verfasste sie, auch im Dritten Reich hoch verehrt, bis in die Endzeit ihres Lebens noch zahlreiche Gedichte und erwies ihre sprachliche Meisterschaft in vielen Erzählungen. Ein umfassender Roman wie „Das Grimmingtor“ erfloss aber niemals mehr ihrer Feder. Paula Grogger starb 1985 im Alter von 92 Jahren in ihrem Heimatort Öblarn, wo sie auch ihre letzte Ruhestätte fand.

UND NOCH EIN FABELTIER – DER LIEZENER DRACHE

Volksglaube aus Urzeiten in Formen der Moderne

Liezen ist der im Ennstal gelegene Hauptort des steirischen politischen Bezirks gleichen Namens. Dieser ist der größte Österreichs und übertrifft an Fläche sogar das Bundesland Vorarlberg. Seine Bedeutung erlangte Liezen schon früh dadurch, dass es sich am Fuße des Bergzuges entwickelte, dessen Pass den Warenverkehr aus Oberösterreich ermöglichte, der den Ort zu Wohlstand brachte. Durch den Eisenbahnbau und den zusätzlichen Verkehrsweg der Enns vermehrte sich die Bedeutung dieses Marktes, der es allerdings erst 1947 zu städtischen Ehren gebracht hatte.

Dies führte auch dazu, dass in Vorschau dessen die Steiermärkische Landesregierung schon ein Jahr zuvor ein neues inhaltlich geändertes Stadtwappen verlieh, dessen bildlicher Inhalt auf eine Sage aus der Gegend Bezug nimmt. Die Blasonierung, also die Wappenbeschreibung, die sich einer eigenen Fachsprache bedient, lautet:
„In rotem Schild eine mit unregelmäßiger Silhouette bis ins Schildhaupt ragende silberne Felswand, belegt mit einem abwärts gekehrten grünen, sich zweimal krümmenden und rot feuerspeienden Lindwurm"
Die Sage, die sich in dem Wappen spiegelt, erzählt von einem Drachen, diesem sich über ganz Eurasien erstreckenden Monstrum mit besonderen Eigenschaften. So soll sich in der Gegend von Liezen eine römische Stadt befunden haben, die durch einen Bergsturz an der Roten Wand verschüttet worden sei. In dieser Felsformation lebte auch ein Drache, der sich dabei einen Weg ins Freie sprengte.

Drachen verkörpern im Westen einen bösartigen Aspekt. Sie speien Feuer und Gift, fressen Menschen und haben Gewalt über Wasser und Überschwemmungen. Tapfere Leute aber können sie besiegen. In Asien hingegen gelten Drachen als dem Menschen wohlgeneigt und regulieren das Wasser für die Landwirtschaft.

Als 2017 unter dem geschichtsbewussten Bürgermeister Rudolf Hakel das 70-Jahres-Jubiläum der Stadterhebung gefeiert wurde, kam auch die Idee auf, das Stadtwappen mit seinem Sagenhintergrund in einem Denkmal inhaltlich umzusetzen. Dafür wurde die eng mit der Gegend verbundene Künstlerin Naira Boesch-Geworkian beauftragt, die seit Jahrzehnten schöpferisch in der Steiermark tätig ist und sich in ihrem Werk auch noch der christlichen Tradition ihrer armenischen Heimat verbunden fühlt.

Auf einem zentralen Kreisverkehr errichtet, sticht dieses Denkmal für eine Sage und gleichzeitig für das Liezener Stadtwappen in die Augen. Aus Nirosta-Stahl gefertigt, windet das Fabeltier wie im Sturz sich hinab und lässt spüren, dass dieser Sturz unabwendbar ist. Dadurch überträgt sich die Dynamik des Werkes wie von selbst auf den Betrachter.

DAS STEIRISCHE KÜRBISKERNÖl

Man nennt es auch das „grüne Gold“

In meiner Kindheit war dieser wohl bekannteste steirische Beitrag zur Kulinarik eine Seltenheit. Wenn Mutter in der unmittelbaren Nachkriegszeit aufs Land in die Oststeiermark fuhr, um bei unserer bäuerlichen Verwandtschaft Gewand und anderes gegen Essbares zu tauschen, so brachte sie manchmal ein Fläschchen Kürbiskernöl mit. Für uns Kinder war es ein Genuss, diese sämige dunkelgrüne Flüssigkeit auf eine Stück Schwarzbrot zu träufeln und dieses dann zu verzehren. Und im Kindergarten bekamen wir zur Jause großzügig bemessene Stücke einer dunklen bröckeligen Masse, die uns ebenso schmeckte wie das Öl. Das waren nämlich die Pressrückstände, der sogenannte Ölkuchen, die zudem ebenfalls sehr nahrhaft waren.

Heute ist das Steirische Kernöl streng geschützt und es hat langer Vorbereitungen bedurft, bis das Steirische an ihm effektiv zum Tragen kam. Findige Pressbetriebe hatten nämlich große Mengen an Kürbiskernen aus China importiert, die dann die steirischen Kerne zu überwiegen begannen. Heute kann man unser Kürbiskernöl am Münchener Viktualienmarkt ebenso kaufen wie in US-Supermärkten, wo sich unsere amerikanischen Freunde damit eindecken. Wir hatten sie hier in Europa damit bekanntgemacht.

Der geschützte Name lautet nun: Steirisches Kürbiskernöl g. g. A.

Was ist nun das Besondere am Kernöl, zu welchem man korrekter Weise Kürbiskernöl sagen muss, denn Öl wird auch aus Haselnüssen, Mohn usw. gepresst. Unser Kernöl ist in Geschmack und Bekömmlichkeit etwas ganz Besonderes, denn es ist eine besondere Art des Kürbisses, aus dessen Kernen gepresst wird. Sein wissenschaftlicher Name ist Cucurbita pepo variat. styriaca und er zeichnet sich dadurch aus, dass die Schale des Kernes kaum verholzt ist und das Pressen sich daher anders gestalten kann. Das also ist unser steirischer Ölkürbis. In der Oststeiermark wird er angebaut, wo die klimatischen Bedingungen und die Böden dafür ideal sind.

Im Lande wurden 2016 16.422 ha damit bepflanzt. Das Ernteergebnis waren 12.201 t Kürbiskerne, was einen Hektarertrag von 740 kg ergab.

Bei der Ernte werden die Kürbisse gespaltet und die Kerne aus dem lockeren Bindegewebe „ausgepatzelt“, was früher eine ausgesprochene Frauenarbeit war. Die Reste finden dann als Schweinefutter eine weitere Verwendung. Getrocknet werden die Kerne dann leicht geröstet und dann gepresst, sodass das Grüne Gold der grünen Steiermark dann so richtig fließen kann. Zahlreiche lokale Firmen kommen dem nach und beliefern die Märkte. Billig ist die Köstlichkeit nicht, aber bekömmlich und – eine echte Delikatesse. Findige Hausfrauen machen heute auch im Oberland, das im Laufe der Zeit auch davon erobert worden war, ihre Salate mit Kürbiskernöl und Balsamico an.

100 ml des Öls haben 828 kcal. 92 g sind Fett, davon 18 % gesättigte Fettsäuren. Es enthält keine Kohlenhydrate, Proteine oder Salz.

DER STRETTWEGER KULTWAGEN

Die bedeutendste archäologische Reliquie des Landes

Die größte Kostbarkeit der umfangreichen Sammlungen für Vor- und Frühgeschichte des Universalmuseums Joanneum in Graz stellt ein archäologischer Fund aus der Hallstattzeit dar, der wegen seines Fundortes unter dem Namen Strettweger Kultwagen in ganz Europa bekannt ist. Er stammt aus der Zeit um 700 v. Chr. und wurde einem toten Fürsten oder Priester, dessen Namen und Herrschaftsbereich unbekannt sind, als kostbare Grabbeigabe fürs Jenseits in einer Zeit mitgegeben, in der man wieder die Körperbestattung pflegte. Das Grab wurde im 19. Jahrhundert im bäuerlichen Strettweg bei Judenburg von einem ackernden Bauern emporgepflügt, der die zum Vorschein kommenden Bronzefigürchen zusammenklaubte und dann dem Dorfschmied brachte. Durch glückliche Fügung gelangten die funktionalen und figuralen Teile und andere Fragmente ins Joanneum in Graz.

Der Figurenschmuck zeigt wahrscheinlich eine Opferprozession. Ein Hirsch wird von männlichen und weiblichen Priestern, aber auch bewaffneten Berittenen offensichtlich zu einer Opferstätte gebracht. Inmitten dieser Gestalten erhebt sich die große Statue einer Göttin, die einen erst im ausgehenden 20. Jahrhundert aus Fragmenten rekonstruierten Kessel emporhebt. Der Kultwagen besaß augenscheinlich keinerlei praktische Funktion. Er gibt aber religiöse Vorstellungen der Hallstattzeit wieder, deren künstlerische Ausdrucksformen, gerade in der Steiermark, durch imponierende Funde, vor allem im südsteirischen Sulmtal, deutlich werden.

Ob dieses Prunkstück steirischer Vorgeschichte in unseren Breiten entstanden ist, lässt sich nicht entscheiden. Die technische Bewältigung der Herstellung, die Symbole und Gestalten seiner Bilderwelt lassen aber den Schluss zu, dass die heutige Steiermark vor fast 3000 Jahren enge Verbindungen zu den großen europäischen Kulturräumen unterhielt. Der Kultwagen befindet sich heute im Grazer Schloss Eggenberg.

DIE RÖMERSTEINSAMMLUNG IN SCHLOSS SEGGAUBERG UND FLAVIA SOLVA

Lapidarien als Zeugen antiker Vergangenheit

Unter den Äckern von Wagna im südsteirischen Leibnitz schlummern heute noch die Reste der bedeutendsten antiken Siedlung innerhalb der Grenzen der heutigen Steiermark. Es handelt sich dabei um die Römerstadt Flavia Solva. Im alten Herzogtum waren es noch außerdem Poetovio/Pettau/Ptuj und Celeia/Cilli/Celje gewesen. In der römischen, ursprünglich rein keltisch besiedelten Provinz Noricum, wurde sie, wie der Name sagt, von flavischen Kaisern im 1. nachchristlichen Jahrhundert gegründet. Sie wurde auch mit einem großen Hinterland, einem Municipium versehen, das die halbe heutige Steiermark umfasste. Der keltische Name Solva lebt heute noch im Flußnamen Sulm weiter. 180 n. Chr. wurde sie von den germanischen Markomannen zerstört, dann aber wieder aufgebaut und zur Blüte gebracht. Endgültig ging Flavia Solva am Beginn des 5. Jahrhunderts unter, als gotische Scharen in Noricum einbrachen und alles verwüsteten.

Die Stadt hatte zuvor durch ihre keltische Einwohnerschaft und eine italisch-römische Oberschicht aus Beamten und meist pensionierten Legionsoffizieren einen kulturellen Höhepunkt erlebt. Dies beweisen die zahlreichen künstlerisch und historisch wertvollen Grabsteine und Weiheinschriften in der Römersteinsammlung des Schlosses Seggauberg bei Leibnitz, der größten in ganz Österreich. Grabinschriften erzählen von hohen Beamten und Soldaten, von Einheimischen und Fremden aus dem großen Imperium Romanum. Sie stellen uns Götter und Helden der antiken Mythen vor. In den Darstellungen von Familien lernen wir auch die Menschen mit ihren Trachten, ihrem Schmuck, aber auch ihren Waffen kennen.

In Wagna selbst wurde im ausgehenden 20. Jahrhundert ein Handwerkerviertel ausgegraben und als ein solches über Tag erhalten. Auch hier werden Funde aus dieser Epoche ausgestellt.

EIN STEIRISCHER TEMPEL DER GÖTTIN ISIS

Exotisches Heiligtum am Frauenberg bei Leibnitz und seine Kontinuitäten

Der Frauenberg bei Leibnitz, einer der drei steirischen Frauenberge, trug schon in vorrömischer Zeit ein Heiligtum der norischen Kelten. Angehörige dieses Volkes siedelten schon vor mehr als 2000 Jahren hier auf dieser Bergkuppe zwischen dem Sulmtal und der weiten Murebene. Als 15 vor Chr. das keltische Königreich Noricum Teil des Römerreiches wurde, wurde diese Kultstätte auch von der römischen Götterwelt beeinflusst. Man glaubt heute, durch archäologische Grabungen zwei keltische Tempel gefunden zu haben, von denen der eine dem Kriegs- und Stammesschutzgott Mars Latobius und der andere der ägyptischen Muttergöttin Isis geweiht gewesen scheint, wie Figurenteil und Inschriftenreste zeigen. Der Kriegsgott Latobius wurde von den Römern toleriert und sein Charakter durch die Benennung Mars als dem römischen Gegenstück unterstrichen.

Gewiss bestand hier in keltischen Zeiten ein Heiligtum für eine Muttergöttin, deren Namen wir aber nicht kennen. Als die Römer Noricum ins Imperium eingliederten, tolerierten sie diese nicht nur, sondern deuteten sie nur in ihrem Sinne um, sodass die Göttin nunmehr im Gewande einer der neuen Herren vertrauteren Gestalt erschien. Man ehrte sie auch als Isis Noreia mit einem schönen neuen Tempel aus Stein im Stil römischer Sakralarchitektur. Die ägyptische Göttin Isis mit ihrem Kinde Horus hatte mit ihrem Kult schon im 2. Jahrhundert v. Chr. viele Römer begeistert. Deshalb finden wir außerhalb der damaligen Weltstadt Rom auch im Norden des Reiches Heiligtümer dieser exotischen Göttin. Das Kultbild ist längst verschwunden, und der Tempel wurde in der Spätantike entweder durch Feinde oder christliche Eiferer zerstört. Erst der Spaten der Archäologen konnte seit 1951 die Reste wieder zutage bringen. Und ist es ein Zufall, dass wenige Schritte von den Mauern des keltisch-römischen Isis-Tempels entfernt die Wallfahrtskirche Maria Frauenberg seit dem Mittelalter wiederum einer Gottesmutter geweiht ist?

An Ort und Stelle dokumentiert das Tempelmuseum mit zahlreichen interessanten Objekten den Frauenberger Tempelbezirk als zentrales Heiligtum der im Tal gelegenen Stadt Flavia Solva und verweist auf die Tatsache, dass die Kelten hier bereits eigene Münzen geschlagen hatten.

DIE ÄLTESTE STEIRISCHE ORIGINALURKUNDE

Die auf Pergament ausgestellte Urkunde vom 10. März 904 nennt erstmals Göss und das Leobental. An diesem Frühlingstag stellte der letzte karolingische Herrscher Ludwig, genannt das Kind, in Ingolstadt ein Schenkungsdiplom für den Edlen Arpo, Sohn des Grafen Otachar aus, in dem erstmals die Leobener Gegend mit dem „Liupinatal" und die heute zu Leoben gehörenden Ortsteile Göss und Schladnitz als „Costiza" und „Zlatina" genannt werden. Die auf dem kostbaren Pergament geschriebene und mit Wachs gesiegelte Urkunde bekräftigt die Schenkung von 100 Königshuben an den im bayerischen Chiemgau beheimateten Adeligen und beschreibt das Tal des Vordernberger Baches bis zu seiner Einmündung in die Mur sowie die Gründe beiderseits der Mur gegen Bruck hin.

Diese Urkunde der sogenannten „Murtalschenkung" ist die älteste dieser Art, die sich in der Steiermark erhalten hat. Sie trägt als Siegel den Abdruck einer umgearbeiteten antiken Gemme und wurde einst im Archiv des 1782 aufgehobenen Benediktinerinnenstiftes Göss aufbewahrt, von wo sie schließlich an das Steiermärkische Landesarchiv, das größte seiner Art in ganz Österreich, gelangte. Dort zählt sie zu den größten archivalischen Kostbarkeiten.

DIE KRYPTA ZU GÖSS

Das älteste mittelalterliche Bauwerk der Steiermark

Das Benediktinerinnenstift Göss in Leoben ist die älteste Ordensniederlassung und zudem eines der reichsten und bestens ausgestatteten des Landes. Die Gründung durch das aus Bayern stammenden Geschlecht der Aribonen erfolgte auf Grund der „Murtalschenkung" König Luwigs „dem Kind" von 904 kurz nach der ersten Jahrtausendwende. Die erste Urkunde nennt am 1. Mai 1020 die Abtei Göss als bereits bestehend. Die edle Frau Adala und ihr Sohn Aribo, Kanzler Kaiser Heinrichs II. stehen am Anfang dieser Stiftung. Aribos Schwester Kunigunde war auch die erste in einer Reihe von 40 Äbtissinnen bis zur Aufhebung des Klosters durch den Reformkaiser Joseph II. 1782. Die Besitzungen des Stiftes wurden damals verstaatlicht.

Mit dem Bau einer Stiftskirche wurde bald nach Jahr 1000 begonnen, jedoch zerstörten mehrere Brände den ersten Kirchenbau, dessen Unterkirche, die Krypta, jedoch erhalten blieb. Sie wurde einst sicherlich für Messfeiern genutzt, diente aber auch als Begräbnisstätte der Chorfrauen, die meist den vornehmsten Adelsfamilien des Landes entstammten. Bis ins 20. Jahrhundert hinein blieben durch besondere klimatische Bedingungen in diesem Raum als Mumien konservierte Leichname von Nonnen erhalten. Die Säulen des in frühester Romanik gewölbten Raumes weisen Besonderheiten auf. Eine von ihnen mit einer schraubenförmigen Kannelierung ist sichtlich ein wieder verwendeter Teil eines antik-römischen Bauwerks, etwa einer Grabkapelle, wie sie in einem prominenten Beispiel ja auch für den Raum Leoben-Donawitz bezeugt ist. Sie kann aber nicht von dieser stammen. Eine andere ist gestückelt und dies lässt sich vielleicht mit einer mittelalterlichen Vorstellung begründen, die aussagt, dass der Mensch als Baumeister nicht mit Gott konkurrieren dürfe und deshalb an einer Stelle wie hier bewusst gestümpert werden müsse.

MEISTERWERKE DER ROMANISCHEN MALEREI

Die Fresken in der Johanneskapelle auf der Pürgg

Peter Rosegger nannte einst den Ort Pürgg im Ennstal wegen seines malerischen Dorfcharakters das „Steirische Kripperl“. Im Mittelalter befand sich hier erhöht über der aus dem Norden kommenden Salzstraße und gegenüber der Burg Trautenfels über dem Flusstal der Enns eine Pfalz der traungauischen Landesfürsten. Wahrscheinlich hatte Markgraf Ottokar III. die östliche des Orts gelegene Johanneskapelle errichten lassen, worüber aber keine urkundlichen Quellen aus dem Mittelalter Zeugnis ablegen. Die Deutung ihrer Entstehung und ihres damit verbundenen reichen Bilderschatzes an romanischen Fresken aus der Zeit um 1160/65 kann nur über die Inhalte und künstlerischen Aussagen dieser Bilderwelt geschehen. Diese Ausschmückung zählt zu den bedeutendsten romanischen Kunstschätzen der Ostalpenländer.

Die Wände der Kapelle sind von unten bis oben mit Malereien bedeckt, die den Heilsweg der Menschheit durch Christus nachzeichnen. An der Chorscheidewand sieht man frontal vermutlich die Stifter, nämlich rechts den Landesfürsten Ottokar und links den Admonter Abt Gottfried. Es wurden aber auch andere Deutungen ins Spiel gebracht. Darüber thront, flankiert von Kain und Abel, Christus als Weltenherrscher.

Unter den Fresken des Kirchenschiffes sticht die Darstellung des Katzen-Mäuse-Krieges besonders hervor, die den Kampf des Guten gegen das Böse versinnbildlichen soll. Dieses Thema hat seine Wurzeln in einer byzantinischen Dichtung. Man sieht, wie Katzen eine von Mäusen verteidigte mittelalterliche Burg zu erobern versuchen. Geheimnisvoll seiner Herkunft nach ist im Triumphbogen zum Chorraum hin ein Ornamentband zu sehen, das in altarabischer kufischer Schrift den islamischen Glaubenssatz *Allah il Allah* in siebenfacher Wiederholung zeigt. Vielleicht könnte ein christlicher Künstler während der Kreuzzüge im Heiligen Land diesen Spruch für ein reines Ornament gehalten und als solches kopiert haben.

FRAU AVA

Das Werk der ältesten Dichterin deutscher Zunge in der Vorauer Sammelhandschrift

Das 1163 gegründete oststeirische Chorherrenstift Vorau beherbergt in seiner phänomenalen Bibliothek ein kostbares und für die deutsche Literaturgeschichte des Mittelalters ungemein wichtiges Kulturgut. Es handelt sich um einen Bücherschatz, den bei einem Brand zu retten einen frühen Probst sogar das Leben gekostet hatte. In der prächtigen, mit allegorischen Fresken und Emblemen gezierten barocken Stiftsbibliothek wird die älteste frühmittelhochdeutsche Sammelhandschrift aufbewahrt. Dieser mächtige Pergamentfoliant entstand mit ziemlicher Sicherheit im Kloster selbst und zwar kurz nach dessen Gründung im 12. Jahrhundert. Der Band enthält 15 dichterische Werke. Neben der weltberühmten „Kaiserchronik" mit ihrem Wert als exzellente historische Quelle, die sich in 17.000 Versen offenbart, sticht ein Text besonders hervor. Er wurde nämlich von einer Frau des Hohen Mittelalters in dichterischer Sprache verfasst. Die Autorin, eine Frau Ava, nennt sich in ihrem Werk „Leben Jesu" selbst als Mutter zweier Kinder. Sie war also nicht eine gebildete Nonne. „*Ditze buoch dichtote zweier kinde muoter*" heißt es im Wortlaut. Damit ist Frau Ava die erste namentlich bekannte Dichterin deutscher Sprache.

DER HARTBERGER KARNER

Ein Hauptwerk romanischer Architektur in der Steiermark

Im Mittelalter wurden die Toten in Friedhöfen beigesetzt, die eine Pfarrkirche umgeben. Sie waren von einer Mauer umfangen und das Erdreich galt als geweiht. Mit dem Wachsen der Siedlungen wurde im Laufe der Zeit der Platz knapp und man konnte den Toten nur mehr eine zeitlich begrenzte Grabesruhe zugestehen. Dazu wurde ein eigener Gebäudetypus geschaffen, das Beinhaus oder der Karner. Das Wort ist ein Lehnwort aus dem Lateinischen, wo *caro/carnis* „Fleisch" bedeutet. Nach der Verwesung im Grab waren die Knochen sozusagen „entfleischt". Totenschädel und die Langknochen wurden nun im Karner harmonisch geordnet geschichtet und die Grube konnten einen neuen Verstorbenen aufnehmen. Im Lande gibt es mehrere Karner. Zweifellos aber ist der von Hartberg aus der 2. Hälfte des 12. Jahrhunderts der älteste und baulich schönste.

Neben der barocken Stadtpfarrkirche am Rande einer Geländestufe gelegen, besticht er durch seine Größe, seine harmonischen Proportionen und seine feine und dezente Dekoration. Schon sein Patrozinium St. Michael verweist ihn als für den Totenkult bestimmt, ist der hl. Erzengel ja der Seelenwäger des Jüngsten Gerichts. Durch das Rundportal gelangt man in den weihevollen Sakralraum, der durch eine kleine Apside gegliedert ist. Ob seine Freskenmalerei, die stark farblich und inhaltlich ikonographisch mit dem Original noch etwas zu tun hat, wird wegen der radikalen Übermalungen in der Vergangenheit von der Kunstgeschichte bis heute eifrig diskutiert.
Eine Besonderheit ist, dass die Kegeldächer noch heute mit den originalen Dachziegeln aus dem 12. Jahrhundert eingedeckt sind.

DIE LEECHKIRCHE

Das älteste Grazer gotische Gotteshaus

Schon der volkstümliche Name dieser Kirche *am Leech* gibt einen ersten Hinweis auf die historische Situation. Im Althochdeutschen heißt *hleo* soviel wie Hügel, Grabhügel. Und archäologische Grabungen im ausgehenden 20. Jahrhundert haben tatsächlich bewiesen, dass der riesige Hügel, auf welchem das Gotteshaus erbaut worden war, eine urgeschichtliche Grabanlage darstellte.

Diese Kirche Mariä Himmelfahrt war als Kapelle schon 1202 erbaut und vorerst der hl. Kunigunde geweiht worden. 1233 ging sie in den Besitz des Deutschen Ordens, des bekannten Ritterordens über. Dieser hatte längst seine Positionen im Heiligen Land gegenüber den Sarazenen räumen müssen und suchte nun neue Aufgaben in Europa. Dazu ließ er sich mit einer Komturei als vorstädtisches Bollwerk gegen Osten in Graz nieder. Wahrscheinlich wurde die Kirche während eines Ungarneinfalls 1250 zerstört, sodass der Wiederaufbau nach 1255 bereits in den in Westeuropa gängigen Formen der Gotik erfolgte.

Daher ist die Leechkirche das früheste entwickelte Beispiel eines gewölbten einschiffigen Sakralbaues in Graz und darüber hinaus ein Hauptwerk der Frühgotik im gesamten Südostalpenraum. Aus den Jahrzehnten nach der Erbauung stammt ein das Westportal schmückendes Sandstein-Relieftympanon mit der thronenden Gottesmutter samt Jesukind. Und im Inneren hat sich einer der bedeutendsten Schätze mittelalterlicher Glasmalerei im Lande erhalten. Die 105 Scheiben in den Chorfenstern sind der Rest einer ursprünglichen Ganzverglasung des lichtdurchfluteten nach Osten weisenden Raumes. Szenen zum Christus- und Marienleben, Heilige und biblische Gestalten wurden um 1290 von einer oberrheinischen Werkstatt begonnen und unter dem Deutschordenskomtur Hermann Kundorfer 1335/37 vollendet.

Einst vor der Stadt freistehend, wurden Komturei und Kirche ab dem frühen 19. Jahrhundert von der Stadt eingeholt und sind heute mit ihr verschmolzen.

UNVERMUTET IN DER PFARRKIRCHE FRAUENBURG BEI UNZMARKT

Der älteste Grabstein deutscher Zunge

Die Frauenburg bei Unzmarkt war in der ersten Hälfte des 13. Jahrhunderts von dem Minnesänger und darüber hinaus bedeutendsten Dichter des steirischen Mittelalters, Ulrich von Liechtenstein, erbaut worden. Im Einklang mit seinem dichterischen Hauptwerk, dem „Frauendienst", wählte er auch den Namen. Da Ulrich als einer der mächtigsten Edelleute im Lande auch in der Politik mitbestimmte und nachhaltig an der Adelsverschwörung gegen den Landesfürsten König Ottokar II. von Böhmen mitgewirkt hatte, wurde ihm diese seine Burg von 1248 bis 1268 entzogen. Die heutige Pfarrkirche St. Jakob neben der Wehranlage ist 1248 erstmals urkundlich genannt und war einst die Burgkirche.

In ihr befindet sich als einzigartiges Denkmal der älteste Grabstein deutscher Zunge. Die mittelhochdeutsche Inschrift lautet *HIE LEIT UOLRICH DISES HOUSES REHTER ERBE – „Hier liegt (begraben) Ulrich, der rechte Erbe dieser Burg".* Er wurde einst fälschlich dem Dichter selbst zugeschrieben, bezieht sich tatsächlich aber auf einen gleichnamigen Enkel desselben. Der Grabstein, der eigentlich ein römisch-antiker nur oberflächlich geglätteter Titulus ist, zeigt außer dieser Inschrift auch das Familienwappen der Liechtensteiner. Dieses Geschlecht ist übrigens mit der heute noch blühenden Familie gleichen Namens nicht verwandt, die ihre Herkunft von einer Burg bei Mödling herleitet.

DIE ÄLTESTEN GLASMALEREIEN DES LANDES

Ein Bauernsohn wird Abt und Landeshauptmann und setzt sich ein Denkmal

Die kleine Filialkirche St. Walpurgis bei St. Michael in Obersteiermark wurde 1070 erstmals als vom Edlen Tridizlaw errichtet genannt. 1188 fiel sie durch Schenkung an das Stift Admont, das schon davor hier begütert war und in St. Michael selbst die größte Mutterpfarre der Steiermark besetzt hielt. Der noch im letzten Jahrzehnt des 13. Jahrhunderts erbaute Chor von St. Walpurgis zählt mit der Gösser Bischofskapelle und der Grazer Leechkirche zu den frühesten gotischen Bauten der Steiermark. Die Erbauung erfolgte unter Abt Heinrich II. von Admont, der mit der hier befindlichen, gleichzeitig ältesten Glasmalereiausstattung des Landes auch sich selbst ein Denkmal gesetzt hat.

Die Scheiben des Chores tragen außer zahlreichen Heiligen auch sein Bild. Im schwarzen Ordenshabit der Benediktinermönche und mit Tonsur zeigt sich eine hoch gewachsene Gestalt. Eingerahmt von einer frühgotischen Kartusche ist eine lateinische Beischrift, die aussagt, dass dieser Mann *ab hinc oriundus* , also von „hier abstammend „sei". Und als Abt von Admont habe er all dieses der ebenfalls abgebildeten hl. Walburga zum Geschenk gemacht.

Heinrich konnte trotz seiner niedrigen Abstammung aus dem Bauernstande Karriere machen, die aus diesem heraus nur über die Priesterschaft möglich war. Er war in der Folge Landschreiber und Landeshauptmann geworden, machte als Abt von 1275 bis 1297 Stift Admont zu einem wesentlichen politischen Faktor und spielte eine führende Rolle im Streit um die steirische Landesherrschaft zwischen König Ottokar II. von Böhmen und Rudolf I. von Habsburg als deutschem König. Auch unter Albrecht I. besaß er als Ratgeber großen Einfluss, wurde aber gleichsam als „Bauernopfer" gegenüber dem aufbegehrenden steirischen Adel 1297 abgesetzt und ein Jahr später in der Nähe von Trieben im Rahmen einer privaten Fehde von einem Verwandten ermordet.

Ein Teil der Scheiben von St. Walpurgis geriet im 19. Jahrhundert auf Umwegen in den Besitz des Germanischen Nationalmuseums und ist heute unter dessen mittelalterlichen Schätzen in Nürnberg zu bewundern.

DAS NEUBERGER MÜNSTER UND SEIN KREUZGANG

Geheimnisse der Gotik in einer einst wilden Einsamkeit

Die Zisterzienser sind der große Reformorden der ersten Jahrtausendwende. Die strenge Ordensregel brachte es mit sich, dass dessen Mönche und Laienbrüder wie Patres als Ordenspriester angehalten waren, bei der Neugründung ihrer Klöster manuelle und Rodungs- und Kultivierungsarbeiten zu leisten und ihre Stifte weitab jeder menschlichen Einflussnahme auf die Natur zu errichten. Hunderte Jahre zuvor mag dies in einem noch kaum erschlossenen Land noch relativ einfach gewesen sein, einer solchen Neugründung weitläufige Besitzungen zu verschaffen. Als der Habsburger Herzog Otto der Fröhliche 1327 die Zisterze Neuberg an der Mürz stiftete, war vielleicht gerade nur noch dieser mit Urwald bedeckte Teil des oberen Mürztales landesfürstlicher Besitz und als Stiftungsland zur Hand gewesen. Klöster wie Admont, Göss, Vorau, St. Lambrecht, Seckau oder Rein besaßen zu diesem Zeitpunkt bereits riesige Ländereien. Diese Beschränkung trug bei Neuburg dazu bei, dass unsere Zisterze sich im Mittelalter noch baulich repräsentativ einrichten, sich in der frühen Neuzeit mit dem Niedergang der Klosterzucht, der fehlenden Mittel und unzureichender Wirtschaftsdynamik die allenthalben sonst übliche üppige Barockisierung nicht mehr leisten konnte. Diese einstige Unzulänglichkeit bescherte uns jedoch einen bis heute vollständig erhalten gebliebenen mittelalterlichen Baubestand, der zu den ganz großen Kostbarkeiten der regelhaften Zisterzienserarchitektur zählt.

Mehr als anderthalb Jahrhunderte wurde an der gewaltigen gotischen lichtdurchfluteten Hallenkirche, dem Münster Mariä Himmelfahrt gebaut. Bald nach der Gründung wurde schon am Kreuzgang, dem Ort mönchischer Meditation gewerkt. Im 1344 geweihten Ostflügel faszinieren die geheimnisvollen Skulpturen auf den Konsolen. Antike Mythen, wie das Abenteuer des Odysseus mit den Sirenen oder die Tiersymbolik christlicher Deutung aus dem famosen „Physiologus", dem wichtigsten Kompendium der Naturgeschichte aus der Spätantike, führen uns Glauben und Aberglauben des Mittelalters, aber auch die weitgespannte Gelehrsamkeit der Zisterzienser vor Augen.

MARIA STRASSENGEL

Eine Wallfahrt zum „steirischen Stephansturm"

Straßengel wird urkundlich schon 860 als *Strazinolum* erwähnt und verdankt seinen Namen – wie auch Straßgang im Süden von Graz – der Existenz einer Wachtstation, einer Warte, die alpenslawisch-karantanisch *straza* hieß. Tatsächlich kann man von hier aus weitum den Blick schweifen lassen, um etwa heranrückende Feinde zu erkennen. Schon am Beginn des 13. Jahrhunderts wird hier eine Marienkapelle genannt, deren Neu- und Ausbau zur Kirche in gotischen Formen 1346 begann, die 1355 ihre Weihe erfuhr und dann einen architektonisch wunderbar gezierten Turm erhielt. Seine Fertigstellung ist mit 1366 bezeugt.

Die Bauweise der ganzen Kirche steht in engem Zusammenhang mit der Bauhütte des auf 1340 datierten Chores des Wiener Stephansdoms, der Krönung österreichischer Gotik. Über dem Nordchor baut sich der achteckige Turm auf, dessen Wände mit Blendarkaden versehen sind. Wappenschilde zeigen den österreichischen Bindenschild, den steirischen Panther und die Initiale R, die entweder auf Herzog Rudolf IV. oder das nahe Zisterzienserstift Rein hinweist. Zwei Reiner, aus Wien stammende Zisterziensermönche namens Markus und Johannes Zeyricker hatten den Bau des Gotteshauses finanziert.

Das oberste Turmgeschoss ist besonders reich, ja verschwenderisch geziert. Zwischen krabbenbesetzten Giebeln stehen lebensgroße Steinplastiken der Gottesmutter Maria mit sieben Engeln. Ebenso sind phantasievolle Wasserspeier eingebaut. Am bc merkenswertesten aber ist der sich darüber erhebende Spitzhelm des Turmes, der ganz durchbrochen gearbeitet den Stein des Baues zu einem filigranen Spitzengewebe zu formen scheint. Den Abschluss bildet eine große Kreuzblume, die völlig nach den edlen Proportionen des klassischen gotischen Maßwerks gebildet ist.

MARIA PÖLLAUBERG

Hohe Gotik fast in den Wolken

Am Fuße des Sabbatberges, eines Ausläufers des oststeirischen Masenberges, liegt mit seiner mächtigen barocken Baumasse das ehemalige Chorherrenstift Pöllau, die mit 1504 jüngste Stiftsgründung im Lande. Hoch über diesem aber thront seit dem 14. Jahrhundert eine der schönsten gotischen Kirchen der Grünen Mark, deren Waldgrün in überwältigender Fülle an die Höhenkirche herandrängt. Es ist die Wallfahrtskirche der hl. Maria. Aus einer stubenbergischen Schenkung heraus zwischen 1339 und 1374 erbaut, wurde sie 1504 dem jungen Stift Pöllau einverleibt und ist seit 1707 Sitz einer Pfarre.

Die Wallfahrtskirche ist ganz auf Fernsicht angelegt. Der sich hoch emporschwingenden Westfront aus Haustein ist ein edles Portal eingefügt. Ein Brand von 1674 machte die Erneuerung der Fassade notwendig, der dabei unter Bewahrung der mittelalterlichen Teile ein barocker Turm aufgesetzt wurde. Auch Dach und Inneneinrichtung mussten damals erneuert werden. Der Kirchenraum zeigt sich als zweischiffige, vierjochige Hallenkirche mit Kreuzrippengewölben, die sich auf Bündelpfeilern erheben. Der Chor mit seinen Priestersitzen ist ein wahres Kleinod gotischer Bauplastik und Steinmetzkunst. Figurierte Konsolen mit Baldachinen für Skulpturen, Arkaturen mit phantastisch bewegtem Laubwerk und Blattmasken steigern die architektonische Wirkung des Gotteshauses auf das Allerheiligste hin. Aber auch die barocke Einrichtung kann sich sehen lassen. Der bedeutendste oststeirische Baumeister Remigius Horner entwarf den Hochaltar, dessen Figurenausstattung durch die Grazer Barockmeister Marx und Josef Schokotnigg 1714 vollendet war. Das Gnadenbild selber ist eine spätgotische Statue der Gottesmutter aus der Zeit um 1480.

Die in der Gegend verbreitete Verehrung des irischen Nationalheiligen Patritius/Padraig/Patrick auf einem der Kirchenaltäre und einem Bildstock geht auf eine in weite Ferne weisende Gebetsverbrüderung mit einer irischen Patritius-Bruderschaft zurück.

DAS BRUCKER WELTGERICHT

Das größte gotische Fresko der Steiermark

Die heutige Filial- und Friedhofskirche St. Ruprecht am Rande von Bruck a. d. Mur liegt wohl an jener Stelle, wo 860 der salzburgische Gutshof „ad Pruccam" urkundlich erwähnt wird. 1195 wurde das Gotteshaus Sitz einer selbstständigen Pfarre. Ihre Bedeutung sank, als König Ottokar II. von Böhmen als steirischer Landesfürst 1263 die Stadt Bruck unter der Burg Landskron im Mündungswinkel von Mur und Mürz neu anlegen ließ.

Das heute vom Barock geprägte Äußere der Kirche verbirgt das romanische Chorquadrat mit dem darauf gesetzten Turm, das spätgotische Presbyterium und das etwa zeitgleiche Langhaus.

An der inneren Westwand des Chores prangt die monumentale Darstellung des Weltgerichtes am Jüngsten Tag, die als flächenmäßig größte gotische Wandmalerei der Steiermark gilt. Sie ist um 1416 entstanden und stilistisch einem anonymen Meister der Fresken der Brucker Minoritenkirche zuzuweisen. Von diesem sind im nahen Umkreis auch Malereien in der Pfarrkirche St. Dionysen und in der Filialkirche St. Ulrich in der Utsch erhalten geblieben.

Bruck war um 1400 ein Lieblingsort des steirischen Herzogs Ernst des Eisernen, des Vaters von Kaiser Friedrich III. Ernsts weitreichende Beziehungen zu europäischen Kunstzentren werden bei dem in Bruck wirkenden Freskanten deutlich, der in seinem Werk sowohl Elemente der oberitalienischen Malerei als auch solche der böhmischen Hofkunst verarbeitet.

Das Fresko mit dem Jüngsten Gericht in St. Ruprecht zeigt Christus als Weltenrichter in der Mandorla auf dem Regenbogen thronend. Mit Maria und Johannes fügt er sich in eine Deesis, die von den Aposteln und dem Kirchenpatron St. Rupert begleitet wird. Man erkennt, wie an diesem letzten Tag der Welt sich die Gräber der Auferstehenden öffnen. Die dem Urteil Unterworfenen werden vom hl. Erzengel Michael als Seelenwäger entweder nach dem Höllenschlund oder zur Himmelspforte gewiesen. Schrecklich anzusehende Teufel und Dämonen zwingen die Verdammten in die Unterwelt. Freundlich hingegen empfängt der hl. Petrus mit seinen Engeln die Seligen an den Toren zum himmlischen Zion. Die sorgfältig wiedergegebenen modischen Gewänder und Ornate der dargestellten Menschen entsprechen dem zeitlichen Horizont und stimmen mit der Weiheschrift 1416 überein.

ERNSTS DES EISERNEN GRABMAL IM STIFT REIN

Ein fürstliches Grabmal des steirischen Herzogs

Herzog Ernst der Eiserne führte seinen stolzen Beinamen nach seiner angeblich legendären Leibesstärke. Auch seine Gattin, die aus dem Baltikum stammende Prinzessin Cimburgis von Masowien, soll so stark gewesen sein, dass sie mit bloßen Händen Dukaten zerreißen und Hufeisen aufbiegen konnte. Wenn sich die Volksüberlieferung dieser Fürstengestalten bemächtigt hat, so muss deren Herrschaft auch jenseits der Geschichtsschreibung nachdrücklich in Erinnerung geblieben sein.

Die Erblande der frühen Habsburger waren seit 1379 immer wieder Teilungen unterworfen. 1411 erhielt Ernst die innerösterreichischen Länder Steiermark, Kärnten und Krain und wurde dadurch als Herzog steirischer Landesfürst. Hier bezog er auch seinen Hauptsitz. Er residierte zwar hauptsächlich in Graz, aber auch im damals noch steirischen Wiener Neustadt. Auch Bruck a. d. Mur scheint ihm sehr am Herzen gelegen sein, denn als er 1424 starb, wurden seine Eingeweide nach der im Hause Habsburg üblichen Teilung des Leichnams in der dortigen Stadtpfarrkirche beigesetzt, wo man im Chor noch heute die Inschriftentafel sehen kann.

Sein Leib jedoch wurde in der Stiftskirche der Zisterze Rein bei Graz unter einem prachtvollen Grabstein zur Ruhe gelegt. Dieser zählt zu den Hauptwerken gotischer Sepulkralkunst im ganzen Lande. Die aus rotem Untersbergmarmor gehauene Platte kommt wahrscheinlich aus einer Salzburger Werkstatt. Mit dem zobelpelzbesetzten Herzogshut auf dem Haupt ruht der vollbärtige Fürst in voller Rüstung mit Schwert und Lanze auch als Verteidiger seines Besitzes. Engel raffen seinen Mantel. Sein Kopf ruht auf einem schwellenden Kissen, die Füße jedoch auf einem dienend hingestreckten Löwen. Die Wappen des Hauses Österreich, dazu die der innerösterreichischen Lande, betonen die Familienherkunft und die Herrschergewalt Ernsts des Eisernen als Begründer der steirischen Habsburger. Sein Sohn Friedrich und sein Enkel Maximilian folgten ihm nicht nur als steirische Herzöge, sondern auch römisch-deutsche Kaiser. Kaiser Maximilian I. hat seinen Großeltern Ernst und Cimburgis in der imposanten Schar der erzenen Standbilder der „Schwarzen Mander" in der Innsbrucker Hofkirche ebenfalls ein bleibendes Denkmal gesetzt.

Als das Reiner Grabmal 1945 von marodierenden Sowjetsoldaten auf Schatzsuche aufgebrochen worden war, erwiesen sich die danach bei der Restaurierung anthropologisch untersuchten Gebeine tatsächlich als die eines überdurchschnittlich groß gewachsenen Mannes. Auch kostbare Textilien der Grabausstattung kamen damals zum Vorschein.

DIE ST. LAMBRECHTER VOTIVTAFEL

Ein Hauptwerk europäischer Malerei der Gotik

Die Verbindungen zwischen dem bedeutendsten österreichischen Wallfahrtsort Mariazell und dem 1096 gegründeten Benediktinerstift St. Lambrecht bestehen seit dem Mittelalter. Dieses Kloster war bekanntlich um 1400 ein kulturelles Zentrum von europäischer Bedeutung und ein wesentliches Bindeglied zwischen der Kunst des oberitalienischen Raumes und der Alpenländer. Davon zeugen in den Sammlungen des Stiftes noch heute zahlreiche Tafelbilder höchsten Ranges. Unter diesen nimmt die sogenannte Lambrechter Votivtafel einen besonderen Stellenwert ein, weil sie über das Künstlerische hinaus auch noch eine wichtige historische Bildquelle ist. Sie vermag darüber hinaus Aufschluss zu geben, warum Mariazell auch für die ungarische Nation einst wie heute einen derart hohen Wert als Wallfahrtsort einnimmt.

Um 1430 entstand die heute als Leihgabe des Stiftes in der Alten Galerie des Universalmuseums Joanneum in Graz ausgestellte Tafel, die in kühner Weise eine Schutzmantelmadonna, die hl. Hedwig und eine siegreiche Reiterschlacht des ungarischen Königs Ludwigs des Großen über Balkanvölker in ein extremes Querformat bannt. König Ludwig aus dem Hause Anjou soll die Mariazeller Muttergottes um Hilfe in dieser kriegerischen Auseinandersetzung angefleht haben. Damit war auch ein Gelübde verbunden, das in seiner Einlösung den frommen Herrscher zum großen Förderer von Mariazell werden ließ.

Als Fürsprecherin und Mittlerin stellte der namentlich nicht bekannte Maler die Tochter des Königs Hedwig zwischen die Schilderung des historischen Geschehens und der Muttergottes. Diese breitet ihren Mantel schützend über Personen des Klerus und des Adels. Der aufkommende Realismus der Spätgotik wird in der Schlachtenszene deutlich, in welcher abendländisch gewappnete Ritter mit dem König an der Spitze über Heiden in orientalischer Ausrüstung und Gewandung hereinbrechen und sie mit Schwert und Lanze zurückdrängen, während sich im Vordergrund Leichenfledderer auf dem mit Waffen und Rüstungsteilen bedeckten Schlachtfeld um Beute balgen.

DIE PFARRKIRCHE ST. MAREIN BEI KNITTELFELD

Ein Juwel steirischer Gotik am Puls der Türkenzeit

Adalram von Waldeck gründet in dieser Gegend 1140 ein Augustiner-Chorherrenstift, das aber bereits zwei Jahre nach seiner Installation nach Seckau verlegt wurde. Grund dafür soll die lärmende Sphäre der Hammerwerke gewesen sein, welche die meditative Stille des Klosters gestört hatte. Adalrams Vater hatte schon vor 1075 die erste Marienkirche erbauen lassen, die dann ab 1437 im Auftrag des Seckauer Propstes vom Admonter Baumeister Niklas Velpacher in gotischen Formen als eine der architektonisch schönsten Kirchen der Steiermark errichtet wurde. Das in Stein gehauene Bildnis des Baumeisters zeigt, wie selbstbewusst dieser gewesen sein muss. Dieses befindet sich in der wegen ihrer Schönheit und Auszierung von alters her Paradeis, also „Paradies" genannten Vorhalle. Die unheimlichen Tier- und Menschendarstellungen deuten hier bestimmt an, dass die Mächte des Bösen nicht in den geweihten Innenraum der Kirche gelangen dürfen.

Die Mareiner Kirche wurde beim katastrophalen Türkensturm im Gottesplagenjahr 1480 von den Feinden zwar besetzt, aber bis auf das Gnadenbild, das die Heiden zerhackten, nicht zerstört. Deshalb steht wohl die Schnitzfigur der Madonna des spätgotischen Flügelaltars auf einem Halbmond, der ein Türkengesicht trägt. In den überaus reichen gotischen Ranken- und Blütenmalereien des Kreuzrippengewölbes zeigt sich auch als Hinweis auf die einst hier blühende Welt der Hammerherrn ein Sensenschmied mit seinem Arbeitsgewand und einem Hammer.

DER PRUNKWAGEN KAISER FRIEDRICHS III.

Ein einzigartiges Denkmal spätmittelalterlicher Reisekultur

Den Hauptbestand des künstlerischen Erbes der Gotik bilden vor allem Werke der Bildenden Kunst in ihrer Beziehung zur Glaubenswelt und zum Leben der gesellschaftlichen Oberschichten. Was an Objekten des Kunsthandwerks auf uns überkommen ist, gehört meist zur Schaffenswelt der Goldschmiede, der Waffenhersteller, der Glaswerkstätten oder phantasievoller Weber als Hersteller famoser Stoffe. Deshalb ist der Reisewagen, den Kaiser Friedrich III. (1440-1493) aus der steirischen Linie der Habsburger für seine Gemahlin Eleonore von Portugal bauen ließ, eines der ganz seltenen erhalten gebliebenen Beispiele, eine besondere Kostbarkeit des Universalmuseums Joanneum in Graz.

Eigentlich ist es heute nur mehr der korbförmig gewölbte Oberteil des Wagenkastens, der zu sehen ist. Das Fahrgestell samt Rädern fehlt. Sein komplettes Aussehen und seine Funktion lässt sich aber leicht aus zahlreichen bildhaften Darstellungen der Zeit veranschaulichen. Friedrich III. war nicht nur als römisch-deutscher Kaiser, sondern auch als steirischer Landesfürst eng mit Graz verbunden. Die Grazer Burg war zeitweise seine Residenz, wo sich noch an etlichen Stellen sein geheimnisvolles Motto AEIOU („Austria Est Imperium Optime Unita") eingehauen findet. Der reich in bildhauerischer Arbeit geschmückte Wagen zeigt ebenfalls diese Vokalfolge. Auch der Bau des heutigen Domes, der seinerzeitigen Stadtpfarr- und Hofkirche St. Ägydius geht auf ihn zurück.

Auf dem Wagen spielt auch die hohe dynastische Politik mit. Das sind vor allem die Wappenschilde jener Erbländer, mit denen Habsburg damals verbunden war. Das heraldische Silber der Fassung der Wappen ist zwar nach Schwarz hin oxidiert, die Buntheit mittelalterlichen Wappenstolzes spricht den heutigen Betrachter aber noch immer an. In mythische Welten alter Naturvorstellungen führen auch die Fabelwesen, wie die am ganzen Körper mit Fell bedeckten Waldleute und Wilden Männer, die auf dem Wagenkorb als Wappenhalter auftreten.

Die außergewöhnliche künstlerische Qualität und dazu noch Stilvergleiche rücken den Wagen in den Umkreis der Werkstätte des Wiener Schnitzers Jakob Kaschauer. Dass das Gefährt wahrscheinlich nicht zur Zurücklegung großer Strecken, sondern nur für feierliche Ein- und triumpfartige Umzüge Verwendung fand, geht auch aus der Tatsache hervor, dass es in des Kaisers Grazer Residenz verblieb und dann vergessen wurde. Man hat den Wagen erst 1851 in einer Zeughütte im Grazer vorstädtischen Lend-Viertel wiederentdeckt. Heute ist er eine der Zimelien steirischer Habsburgica des Joanneums.

EIN VOLKREICHES GOLGATHA

Konrad Laibs gotische Kreuzigungstafel ist das kostbarste Gemälde des Landes

Die spätgotische Tafelmalerei wartete bei der Darstellung des Kreuzestodes Christi mit einem neuartigen Typus auf – dem volkreichen Kalvarienberg. Hatte sich bis dahin dieses Schlüsselmotiv christlicher Kunst auf den Kruzifixus und wenige Begleitgestalten beschränkt, so wurde nun die Hochfläche des Golgathahügels mit einer gedrängten Menge von Soldaten, Trauernden, Gaffern und Spöttern gefüllt, welche die drei Kreuze mit Christus und den beiden Schächern umlagern. Dadurch wird dem Maler die Möglichkeit geboten, seinen ganzen Formenschatz an Menschentypen, Gewändern, Geräten, Waffen, Tieren vor dem staunenden Auge des Betrachters auszubreiten.

1457 schuf der international tätige Meister Konrad Laib mit seinem Grazer Kreuzigungsbild eines der größten je auf eine Holztafel gemalten gotischen Gemälde Mitteleuropas überhaupt. Er war ein gebürtiger Schwabe und hatte seit 1445 seine Werkstatt in Salzburg etabliert. Über Jahrhunderte war das Bild in der Grazer Hof- und Pfarrkirche St. Ägydius, dem heutige Dom, aufgestellt, wich dann aber dem veränderten Zeitgeschmack, ohne jedoch zerstört worden zu sein. Nach 160 Jahren verborgenen Daseins in zerlegtem Zustand wurde es wieder entdeckt und bildete durch Jahrzehnte hindurch eine besondere Zierde der Alten Galerie am damaligen Landesmuseum Joanneum, das sich heute Universalmuseum nennt.

Nun kann man es wieder, nach langdauernder Restaurierung in den Grazer Dom zurückgekehrt, dort bewundern. Seiner immensen Dimension wegen musste ein eigener Mauerdurchbruch geschaffen werden, um es in der renovierten Friedrichskapelle, dem einstigen Hoforatorium Kaiser Friedrichs III. einbringen und aufstellen zu können. Im künstlerischen Repertoire Konrad Laibs bestechen besonders die damals aufkommende realistische Darstellung der Mimik und die malerische Erfassung verschiedenster Gemütszustände der handelnden und begleitenden Personen. Die noch dem Mittelalter verpflichtete Komposition der Menschenmassen in der Todesstunde Christi wird zu einem künstlerisch zukunftsweisenden Ganzen vereint, die von diesem Standpunkt gesehen das Bild zum wahrscheinlich kostbarsten Gemälde des ganzen Landes. machen.

DAS GOTTESPLAGENBILD AM GRAZER DOM

Eine Reportage des Grauens

Das Jahr 1480 hatte die Steiermark an den Rand der Vernichtung gebracht. Vollkommen überraschend waren im Sommer dieses Jahres türkische Streifscharen, die man „Senger und Brenner" nannte, über den Neumarkter Sattel aus Kärnten in die Obersteiermark eingedrungen, um hier eine Taktik der „verbrannten Erde" zu verfolgen. Sie hatten die nicht befestigten Siedlungen verheert, tausende Menschen ermordet oder in die Sklaverei verschleppt und die Gegenden durch Brand und Raub verwüstet. Dazu kam in der Folge zur selben Zeit die Pest, und riesige Schwärme von Wanderheuschrecken verzehrten die kläglichen Reste der Ernte.

Zahlreiche Volkssagen knüpfen sich an diese als Gottesplagen zur Bestrafung der sündigen Menschen angesehenen schrecklichen Ereignisse. Wohl als Mahnung für die Zukunft malte nach dem Abklingen des Desasters einer der wichtigsten österreichischen Maler der späten Gotik, Meister Thomas von Villach ein Fresko dieser Thematik an die südliche Langhaus-Außenseite des Grazer Domes.

Unter den in den Himmel entrückten Gestalten der Heiligen Dreifaltigkeit, die sich in drei gleichen Leibern zeigt, und zahlreicher Heiliger entfaltet sich das Geschehen der Plagen in drei Bildern, deren linkes die Pest, das mittlere die Türken vor der ältesten Grazer Stadtansicht und das linke die Heuschreckenschwärme zeigen. Bedauerlicherweise wurde das Fresko im frühen 20. Jahrhundert durch stümpernde „Restauratoren" nachhaltig beschädigt. Erst einer neuerlichen Restaurierung in jüngster Zeit gelang es, zumindest den Istbestand zu sichern. Der Preis dafür war die Anbringung einer schützenden Glaswand, die dem Betrachter den Blick auf Details fast vollständig verwehrt. Zum Glück existiert eine im Graz-Museum verwahrte Kopie des frühen 20. Jahrhunderts, die das Kunstwerk annähernd vollständig mit den zahlreichen erklärenden Spruchbändern vor Augen führt.

DIE GOTISCHE WENDELTREPPE IN DER GRAZER BURG

Ein verspieltes bauliches Kuriosum

Als Graz Pfalzort der Traungauer, Babenberger und frühen Habsburger Markgrafen und Herzöge war, residierten diese, wenn sie sich in der Stadt aufhielten, auf dem Schlossberg mit seinen Befestigungsanlagen. Erst seit dem 15. Jahrhundert entstand die „Burg" auf einer östlich dieses Berges gelegenen Terrasse und zwar als Wehreck an der mittelalterlichen Stadtmauer. Bauliche Erweiterungen und Umgestaltungen erfolgten bis ins 20. Jahrhundert hinein. An vielen der ältesten Teile der Burg findet sich noch heute die private Devise A E I O U von Kaiser Friedrich III. Diese rätselhafte Buchstabenfolge von Vokalen erfuhr viele Deutungen, von denen eine mit *Austria Erit In Orbe Ultima* – „Österreich wird bis zuletzt bestehen" nur eine von vielen ist.

Der erwähnte Herrscher ließ den sogenannten Friedrichsbau von 1438 bis 1453 als seine immer wieder genutzte und bewohnte Residenz aufführen. Die Grazer Altstadt – heute Weltkulturerbe – hatte im Zweiten Weltkrieg relativ wenige Bombenschäden erlitten. Ein Angriff allerdings zerstörte den von Friedrichs Sohn und Nachfolger Maximilian, dem „letzten Ritter", errichteten Westteil der Burg. Glücklicherweise blieb aber der gotische Treppenturm mit der famosen Doppelwendeltreppe, der Friedrichsbau und Maximiliansbau verband, erhalten. An seiner Außerwand eingemauert, erkennt man auch einen bei Festungsarbeiten auf dem Schlossberg gefundenen römischen Grabstein.

1499 bis 1500 wurde an dem Wunderwerk der Treppe spätgotische Baugesinnung und Steinmetzkunst eingesetzt. Die beiden Stiegenläufe gehen gegenläufig über vier Geschosse in die Höhe, ruhen bis zum zweiten Stockwerk auf Steinspindeln und sind dann mit ihren Stufen freitragend und nur mehr in der Mauer verankert hochgeführt. Eine persönliche Begehung der stets zugänglichen Anlage bietet eine Menge an Überraschungen.

ST. NIKOLAUS AM PISCHKER BERG BEI BRUCK AN DER MUR

Eine Kirche nur für die Flößer und Schiffsleute auf der Mur

Mur, Enns und Drau sind die drei großen Flüsse der alten Steiermark. Sie waren zum Teil in gewissen Abschnitten schiffbar. Geflößt wurde auf allen. Die allenthalben noch unregulierte Mur trug auf ihren Wellen ab der Judenburger Gegend Flöße, die Bau- und Brennholz, dazu Eisenwaren und Weingartenstecken ins steirische Unterland beförderten. Das im Ausseerland gesottene Salz hingegen wurde bis ins 19. Jahrhundert auf Plätten verladen und so bis nach Radkersburg und sein Umland gebracht. Diese Plätten waren niederbordige Boote, die vor allem in Knittelfeld gebaut und zu Wasser gebracht wurden.

Betrieben wurden diese Transporte durch eigene Unternehmer, die Flößermeister. Diese brachten es wegen ihrer wirtschaftlichen Bedeutung zu großem Wohlstand. Sie hatten schon im Mittelalter in Bruck a. d. Mur, dem Zentralort der Obersteiermark, eine eigene Bruderschaft als Gebetsvereinigung ins Leben gerufen. Ihr Gewerbe war ein sehr gefährliches, für das man sich in Gebet und Messe Hilfe und Trost himmlischer Mächte erhoffte. Als Flößer stellte man meist Nichtschwimmer an, denn diese verließen in Gefahren bis zuletzt nicht das ihnen anvertraute Wassergefährt.

1487 wird diese *Fraternitas S. Nicolai Nautarum in oppido Prugk super Muram* erstmals urkundlich erwähnt. Und um 1495 erbauten diese Schiffsleute und Flößer sogar eine eigene Kirche auf dem Pischker Berg hoch über dem Fluss, dort wo die Mur das Stadtgebiet in ihrem Lauf nach Süden verlässt. Der kleine Bau ist dem damals populärsten Heiligen als Schützer in Wassersnot, dem hl. Nikolaus von Myra geweiht. Seine legendenhaften Seefahrtsabenteuer dienten als Grundlage für dieses Patrozinium. Darstellungen von Schiffer- und Flößergeräten wie Anker und Steuerruder als Reliefs in Schlusssteinen und als Glasmalerei verweisen noch heute auf die Funktion des Kirchleins. Heute, da die Mur kein Transportweg mehr ist, würde dem hl. Nikolaus an dieser Stelle besser die Sicherheit der zu seinen Füßen auf der Autobahn dahinbrausenden Kraftfahrer ans Herz zu legen sein.

DIE WILDONIER

Ein Rittergeschlecht der Sänger und Stifter

Zu den alten hochfreien Adelsgeschlechtern der Steiermark zählten auch die Wildonier, die ihren Namen nach ihrer späteren Hauptburg auf dem Wildoner Burgberg trugen. Zuvor waren sie auf der oststeirischen Riegersburg gesessen. Längst ausgestorben, haben sie dennoch geistige und materielle Spuren hinterlassen, die noch heute zu beeindrucken vermögen. So hat Liutold von Wildonie 1229 das Chorherrenstift Stainz begründet. Daran erinnern seine und seiner Gattin idealisierte Porträtbildnisse von etwa 1500 in der einst dem Stift Stainz inkorporierten Pfarrkirche von St. Stefan ob Stainz. Im Zusammenhang damit ist wohl auch der Gewölbeschlussstein mit dem Relief eines Mannes zu sehen, der auf ein lautenähnliches Zupfinstrument blickt und dieses auch zu spielen scheint. Es wird sich wohl um den bekanntesten Wildonier handeln, Herrand von Wildonie. Dieser Hochadelige war nicht nur ein Schwiegersohn des Minnesängers Ulrich von Liechtenstein. Er griff im 13. Jahrhundert auch kräftig in die steirische Landespolitik ein. Urkundlich ist er zwischen 1248 und 1278 bezeugt. Ursprünglich an der Seite des steirischen Landesfürsten König Ottokar II. von Böhmen stehend, beteiligte er sich, wie sein Schwiegervater, an führender Stelle am Kampf gegen diesen, als die Auseinandersetzung zwischen Habsburg und Przemysl eskalierte.

Von Herrand gibt es Minnelieder, die sogar in die berühmteste mittelhochdeutsche Liederhandschrift, die Manessische oder Heidelberger Dichterhandschrift, Eingang gefunden haben. Bekannter aber ist er als Dichter mehrerer amüsanter Versnovellen, in denen es um eheliche Treue, Untreue und Hochmut geht.

DIE HEILIGEN DREIKÖNIG IM GEBIRG

Erasmus Grasser aus München baut und schnitzt in Oppenberg

In 1008 m Seehöhe liegt acht Kilometer von Rottenmann entfernt weit oberhalb des Gullingbaches der Kirchweiler Oppenberg mit seiner Pfarr- und Wallfahrtskirche Mariä Geburt. Man vermutet in dieser Weltferne eigentlich kein von der Romanik bis in die Gegenwart gewachsenes Gotteshaus und doch war sie religiöses Zentrum für zahlreiche Bergbauern und markierte auch eine Wegverbindung, die von Aigen im Ennstal bis ins Paltental führte. Urkundlich erscheint sie im 12. Jahrhundert erstmals 1170 und die Erbauung dieser ersten Stufe dürfte zwischen diesem Jahr und 1190 erfolgt sein. Um die Mitte des 15. Jahrhunderts wurden gotische Gewölbe eingezogen und gegen Ende des Jahrhunderts 1470 bis 1500 Vorhalle und Westturm angefügt. Die Reformation besetzte die der Eingliederung in das Rottenmanner Chorherrenstift zugedachten Pfarre, ab der Rekatholisierung vertreibt man die evangelischen Prediger.

Mit Oppenberg verbinden sich am Beginn der Neuzeit zwei jede für sich erhabene Gestalten. Kaiser Maximilian I., der „letzte Ritter" war als Jäger oft in dieser Gegend und ließ sich nahe der Kirche eine Art Jagdhaus errichten und holte sich auch den allergrößten Bildhauer des süddeutschen Raumes, den in München wirkenden Erasmus Grasser. Dieser wurde beauftragt, einen etwas erhöhten Chor anzubauen und dafür einen Altar zu schnitzen, der den Leuten der Gegend den Zug der Heiligen Drei Könige vor Augen führen sollte. Erasmus Grasser unterzog sich dieser herausfordernden Aufgabe mit seiner ganzen bildnerischen Kraft und nimmt hier auch für die Zeit der Arbeiten seinen Wohnsitz. 1536 wird der Schrein erstmals geweiht.

Unter der Fachwerkarchitektur des Stalles zu Bethlehem sitzt Maria mit freundlichem Antlitz und weiß das aufgeregt fröhliche Jesukind in seiner Neugierde kaum zu bändigen, nähert sich ihm doch eine exotisch bunte Schar der Heiligen Drei Könige mit ihrem Gefolge. Mit gezierten, weit ausgreifenden Schritten in modischen Schnabelschuhen nähern sich die Gestalten, als ob sie zum Tanze gingen. Kostbare Gefäße werden gereicht, deren Dreizahl ja dazu geführt hat, dass man bei den persischen Magoi von den Drei Heiligen Königen spricht. Demutsvolle Gesten vor der göttlichen Majestät des Kindes verschmelzen mit dem Gewimmel und dem Gedränge der in zeittypischer perspektivischer Verkürzung und Verkleinerung sich nahenden Hirten und fürstlichen Gefolgsleute. Man vermeint eher, an einem höfischen Fest teilzunehmen, als die Devotion vor dem Kind gewordenen Erlöser zu erleben.

Das Oppenberger Kirchlein zählt zu gewachsenen Gotteshäusern, in welchen von der Romanik bis zum 19. Jahrhundert Kunstwerke zugewachsen sind, die niemals durch „modernere" ersetzt wurden und deshalb verschwunden sind. Weltferne und schmale Mittel haben dazu beigetragen. Und unsere Wanderung kann schon in der Romanik beginnen, als 1190 diese Kirche vollendet wurde und einen qualitativ hochwertigen Freskenschmuck, der gleichzeitig der politischen Zeitsituation als auch der hagiographischen Devotion gerecht wird. Da treten im weltfernen Waldtal sogar Kaiser Friedrich Barbarossa, die Stifter, der Erzengel Michael, die Heiligen Oswald, Christophorus auf. 1502 verschwindet durch den gotischen Erweiterungsbau der Großteil der romanischen Wandmalereien. Eine Restaurierung 1983/84 bringt einen Teil derselben wieder zum Vorschein und schließt den Kreis zum Hochmittelalter hin.

DIE EMPORE DER EISENERZER OSWALDIKIRCHE

Unenträtselte Geheimnisse gotischer Steinmetzkunst

Erstmals wird die über der Bergstadt Eisenerz thronende Oswaldikirche im Jahre 1482 genannt. Der hl. Oswald als Kirchenpatron ist kein typischer Bergbauheiliger, wie man ihn im „Innerberg des Eisenerzes", wie der Ort im Mittelalter und in der frühen Neuzeit hieß, vermuten würde. Er ist vielmehr ein bäuerlicher „Wetterherr" und mag darauf hindeuten, dass der Bergbau auf Eisenerz und dessen Verhüttung zu Roheisen damals noch weitgehend als bäuerlicher Nebenerwerb betrieben wurde. Die Markterhebung von Eisenerz 1453, die gemeinsam mit Vordernberg erfolgte, dokumentiert dann die gesteigerte Bedeutung und führt auch in eine Zeit, in der mit dem Neubau der Kirche in gotischen Formen ein Hauptwerk der Admonter Bauhütte aus dem Boden wuchs. Ein Brand von 1496 beschädigte die Kirche allerdings schwer und erst 1512 konnte die Weihe derselben erfolgen.

Aber erst fünf Jahre später vollendete ein als Christoph genannter Meister auch den interessantesten und zugleich rätselhaftesten Teil der Kirche, die im Westen gelegene Orgelempore. Diese ist nicht aus Hau-, sondern aus Kunststein errichtet und reicht mit ihren beiden Seitenemporen bis ins zweite Joch des Langhauses. Sie verläuft auch nicht gerade, sondern weist zwei Erker auf, auf denen im Mittelalter vielleicht zwei kleine Emporenaltäre Platz gefunden hatten. Die Brüstung der Anlage ist in Felder geteilt, die wie die Arkadenzwickel reich reliefiert sind und neben spätgotischem Ast- und Stummelwerk eigenartigerweise die Nachbildung verschiedener Zauntypen zeigen, wie sie damals auf Almen und landwirtschaftlich genutzten Flächen üblich gewesen sein müssen. Daneben überraschen figurale Reliefs, die in ihrer Sinnhaftigkeit für uns Heutige geheimnisvoll bleiben, zur Zeit ihrer Entstehung dem Betrachter jedoch eine Botschaft übermittelt haben müssen. Totengerippe und Käuzchen, Steinböcke und Gämsen, eine Feldflasche und andere Symbole sind eingehauen, während eine der tragenden Säulen am Emporenaufgang wie ein Fass gebildet ist und ein weiteres Zeugnis dafür ist, wie die Gotik am Ende des Mittelalters sich ins Spielerische verliert.

DER JUDENBURGER STADTTURM

Krone der einst reichsten Stadt des Landes

Zahlreiche Verkehrswege der Nord-Süd- und Ost-Westverbindungen treffen sich dort, wo seit vorgeschichtlichen Epochen und der Römerzeit rege Siedlungstätigkeit und weiträumiger Kulturaustausch festzustellen sind. Um 1074 wird Judenburg erstmals urkundlich genannt. Ob der Name sich auf die alte Judensiedlung oder einen Gründer mit dem althochdeutschen Namen Juto zurückgeht, muss noch offen bleiben. Auf mehreren Höhenstufen, deren oberste eine Rittersiedlung um die Burg des Geschlechtes der Eppensteiner einnahm, wuchsen eine Judensiedlung und unterhalb derselben an der alten Römerstraße eine Handelsniederlassung, der später ein neu gegründeter Markt auf der Hochfläche folgte. 1224 wurde dann der ganze mehrstufige Komplex zur Stadt erhoben. Kirchen- und Klostergründungen beweisen die Bedeutung des Ortes, der im Spätmittelalter durch den Fernhandel von und nach Venedig profitierte. Judenburger Unternehmer hatten damals gleichsam das Privileg für im Süden begehrte Produkte, wie der in den Wäldern um die Stadt durch Wurzengraber gesuchte Speik, der wegen seines Wohlgeruchs seit der Antike für Duftwässer und Seifen begehrt war. Außerdem wurde Lärchenpech gesammelt, das der venezianischen Handels- und Kriegsflotte im dortigen Arsenal zum Kalfatern der Schiffsneubauten unerlässlich war. Auch im alpenländischen Edelmetallbergbau war die Bürgerschaft derart engagiert, dass Judenburg als Erste im römisch-deutschen Reich im 14. Jahrhundert zum Nutzen ihrer Fernhandelsverbindungen eigene Goldmünzen prägte. Ebenso war eine künstlerische Hochblüte sondergleichen die Folge dieses Aufschwungs. Judenburg war eine der reichsten Städte überhaupt und hatte sogar eine eigene Niederlassung und Vertretung in Venedig nahe der Rialtobrücke.

Äußeren Ausdruck dieser beherrschenden Stellung gab sich Judenburg – wohl nach dem Vorbild Venedigs 1449 durch den Bau eines gewaltigen freistehenden Campaniles für die Stadtpfarrkirche St. Nikolaus, der nicht nur Glockenturm, sondern zugleich repräsentativer Stadtturm war. 1504 war er durch den Steinmetz Michael Pircher fertiggestellt worden. Brände im 17. und 18. Jahrhundert erforderten verschiedentlich Erneuerungen. 1841/42 erfolgte eine Erhöhung und 1884 die Schaffung einer Aussichtsgalerie. Der viergeschossige Turm mit seinem spitzen, gebrochenen Zeltdach bildet mit seiner Höhe von heute 75 m einen unübersehbaren Akzent der mittelalterlichen Judenburger Oberstadt. Die Turmstube war übrigens bis ins 20. Jahrhundert bewohnt. Die an der Basis des Turmes eingemauerten Römersteine stammen aus der Umgebung der Stadt.

Seit 2006 befindet sich im Turm ein sehenswertes Planetarium mit 65 Sitzplätzen. In wechselnden Programmen können hier über 7000 Sterne und Galaxien, dazu auch die Planeten in ihren Bahnen, großräumig projiziert werden.

DAS KORNMESSERHAUS IN BRUCK AN DER MUR

Eine weltliche Rarität der Gotik, die nach Süden weist

1792 vernichtete ein verheerender Großbrand fast die gesamte historische Bausubstanz der Stadt am Zusammenfluss von Mur und Mürz. Erhalten aber blieb der schönste Profanbau am Hauptplatz von Bruck a. d. Mur, das nach seinem Erbauer und Besitzer benannte Kornmesserhaus. Dieses spätgotische Haus gilt als das in seiner Ästhetik unübertreffbare nichtsakrale Bauwerk von ganz Österreich. Pankraz Kornmesser war ein reicher Eisenhammergewerke. In der letzten Phase der heimischen Gotik zwischen 1495 und 1505 errichtet, zeigt das palastartige Bürgerhaus dem Betrachter eine prunkvolle Fassade von phantastischer Erfindungskraft und künstlerischer Auszier.

Eine Loggia mit Kielbögen nach venezianischen Vorbildern über einer Arkadenreihe lässt an die Wirtschaftsverbindungen früher obersteirischer Montanunternehmer bis an die Obere Adria mit ihrer „Serenissima" Venedig denken. Brüstungsfelder mit durchbrochenem gestümmeltem Astwerk und reich abgezirkeltes Maßwerk gotischer einheimischer Bautradition entführen den bewundernden Betrachter in die letzte architektonische Blüte des Mittelalters. Dessen Geheimnisse starren ihn noch aus Fabeltieren und Dämonenfratzen an. Die heute in die Sakristei der Brucker Stadtpfarrkirche führende Tür in herrlichster Schmiede- und Eisenschnittarbeit war einst eines der Prunkstücke der Wohnwelt des reichen Pankraz Kornmesser.

DER GOTISCHE MARIÄ-KRÖNUNGS-ALTAR IN SECKAU

Die Heilige Dreifaltigkeit in drei Leibern

Im Mittelalter war es durchaus üblich, die theologisch tiefgründig erklärte Dreifaltigkeit Gottes mit Gott Vater, Christus und dem Heiligen Geist in drei gleichgearteten Personen künstlerisch abzubilden. Das Tridentiner Konzil untersagte in der 2. Hälfte des 16. Jahrhunderts diese Art der Bildgestaltung, sodass wir heute im kulturellen Erbe davon nicht mehr allzu viele Beispiele besitzen und sie eben als Kuriosität ansehen. Einiges davon stammt aus der anonymen religiösen Volkskunst, die sich wenig um theologische Spitzfindigkeit zu kümmern pflegte. Manches wurde auch von mildgesinnten kirchlichen Hierarchen verschont, weil es durch den hohen Grad seiner künstlerischen Vollendung die Herzen und Gemüter nachhaltig zu rühren verstand.

Dazu zählt auch der 1489 geweihte Marienaltar in der Bischofskapelle des einstigen Chorherren-, heutigen Benediktinerstiftes Seckau, der aber 1507 eine neue Gestalt erhielt. Diese hatte nun nichts mehr von der Form der damals gotischen Flügelaltäre an sich. Der neuartige Altar ist in Gänze durchbrochen gearbeitet. Er hat weder Schrein noch Flügel. Im gerundeten Mittelteil erblickt man die Krönung der Gottesmutter Maria durch die Drei Heiligen Personen Vater, Sohn und Geist. In die kunstvollen dekorativen Verschlingungen des umgebenden Reifs sind als kleine Figuren Glieder des Stammbaumes Christi eingeschrieben, während das Gesprenge von Plastiken der beiden Apostelfürsten Petrus und Paulus sowie der beiden Heiligen Johannes des Täufers und Johannes des Evangelisten (Johannes Evangelista) durchsetzt ist.

Die Predella als Unterbau des Altares, die zugleich ein Meisterwerk der Statik ist, gibt Auskunft über den prominenten Stifter, der sich die hl. Anna anbetend als der Seckauer Propst Johannes Dürnberger zu erkennen gibt. Der anonyme, wahrscheinlich heimische Schnitzer scheint zuvor einmal mit der Werkstatt des Brixener Meisters Hans Klocker in Verbindung gestanden zu sein.

MARIAHOFER WEHRGOTIK

Ein Pfarrhof als mittelalterliche Festung

Die Pfarrkirche zur Hl. Maria in Mariahof wird bereits 1066 als *ecclesia in Grazluppa* urkundlich erwähnt und ist seit 1103 dem Stift St. Lambrecht inkorporiert. Es ist jedoch ein weit höheres Alter eines bedeutenden Vorgängers anzunehmen. Es wurden nämlich schön gearbeitete frühmittelalterliche Flechtwerksteine gefunden, die weit über das hinausgehen, was damals der Standard einer gewöhnlichen Landkirche gewesen war. Das Benediktinerkloster richtete nämlich hier nach cluniazensischem Vorbild ein Filialkloster als Zelle ein.

Wegen seiner strategischen Lage geriet Mariahof im Mittelalter immer wieder ins Kreuzfeuer widerstreitender Mächte und wurde etwa bei der Auseinandersetzung zwischen Kaiser Friedrich III. mit dem ungarischen König Matthias Corvinus 1492 niedergebrannt. Nach dieser Katastrophe und der endlichen Vertreibung der landfremden Truppen wurde der Pfarrhof durch hohe, zinnenbewehrte Mauern umfangen, in deren Schutz sich bis heute die spätgotischen Gebäude dieses architektonischen Komplexes drängen. Die Fertigstellung des Osttraktes mit seinem Wehrturm ist mit 1511 datiert.

DER BETSTUHL KAISER MAXIMILIANS I.

Der „Letzte Ritter" und seine Vorliebe für Rottenmann

Rottenmann im Paltental war durch Salzhandel und Bergbau schon im Mittelalter zu einer recht bedeutsamen Siedlung geworden. Noch 1453 wurde hier durch den reichen heimischen Bürger Wolfgang Diez ein Chorherrenstift gegründet und von St. Dorothea in Wien aus besiedelt. Die große gotische Stadtpfarrkirche St. Nikolaus ist eine große gotische Hallenkirche und enthält als besondere historische und künstlerische Kostbarkeit einen zweisitzigen Betstuhl. Kaiser Maximilian I. hatte ihn 1514 dem Gedächtnis seiner Eltern Kaiser Friedrich III. und Eleonora von Portugal gewidmet, die damals längst schon tot waren.

Der passionierte Jäger Max hatte sich oft in der Gegend aufgehalten, um auf Gams und Steinbock zu pirschen. Am Tauern hatte ihm sein Vertrauter Hans Herzheimer dafür auch ein *Gejaidhaus* errichtet. Hier musste er auch den Tod seines waghalsigen *Obristen Jägermeisters* Kaspar Lechthaler beklagen, der am Bösenstein bei der Stellung eines Steinbockes aus der Wand in den Tod gestürzt war.

Der aus heimischem Zirbenholz verfertigte Betstuhl hat einen Maßwerk-Baldachin und eine Rückwand, die mit den geschnitzten elterlichen Wappenschilden geziert ist. Die private rätselhafte Devise AEIOU des Vaters ist ebenfalls zu finden. Löwen schmücken als Knäufe die Vorderwand. Der Aufsatz wurde im 19. Jahrhundert durch den heimischen Bildhauer Josef Veiter im historistischen Sinne stark ergänzt.

DAS AUSSEER SAKRAMENTSHÄUSCHEN

Ein Palast für das Allerheiligste

Zwar hatte das Konzil von Trient (1545-1563) im Zuge seiner liturgischen Reformen die Abschaffung der sogenannten Sakramentshäuschen angeordnet, was zur Zerstörung der meisten dieser Behältnisse für das Allerheiligste geführt hatte. Dieselben waren reich gezierte Nischen und Sakramentsschreine aus Haustein, in denen das Allerheiligste und die gesegneten liturgischen Öle geborgen waren. In Zukunft sollte die gewandelte Hostie zentral in einem Tabernakel auf dem Hochaltar zur Verehrung aufbewahrt werden. Dort aber, wo künstlerische Virtuosität geschätzt und Werke sakraler Ästhetik nicht missachtet wurden, blieben solche Denkmäler alten Liturgiebedürfnisses entsprechend häufig auch erhalten.

In der Ausseer Pfarrkirche Pauli Bekehrung gibt es heute noch ein solches Sakramentshäuschen, das mit einem Entstehungsdatum von 1523 zwar nicht das ältest bezeugte, gewiss aber das schönste im ganzen Land ist. Und es zeigt auch, wie des Öfteren die Tridentiner Anordnungen einfach ignoriert worden waren.

Bis zum Ansatz des gotischen Gewölbes reichend, besteht das Ausseer Häuschen aus kostbarem rotem Salzburger Marmor. Der Sockel ist übereck gestellt und trägt als Zeichen der wirtschaftlichen Bedeutung des Salzwesens im landesfürstlichen Salzkammergut das Relief eines Salzfüderls, also jenes Holzgebindes, in welches die Salzstöcke als Handels- und Gebrauchsform aus dem frisch gesottenen und noch feuchten Salz der Pfannhäuser hineingestampft wurden, um dann später gestürzt zu werden, wenn sie trocken waren. Auch das Ortswappen trägt diese interessante Realie, die außerdem das gängige Attribut des Salzburger Diözesanheiligen Rupert ist. Maß- und Laubwerk zieren den Körper dieses Meisterwerkes spätestgotischer Steinmetzkunst. Der Schrein enthält auch als Verschluss zwei virtuos in ornamentalem Eisenschnitt gearbeitete Gitter, deren eines aus der Gotik, das andere aber aus 1821 stammt. Als Nischenfiguren sind Christus als Erlöser und die Gottesmutter zu sehen, während zuoberst der Schmerzensmann als Halbfigur erscheint.

DAS GRAZER LANDHAUS

Italienische Renaissance in der Steiermark

Seit 1494 hatten die steirischen adeligen Landstände als politischer Widerpart zum Landesfürsten ihre Kanzlei und ihren Versammlungsort in der Grazer Herrengasse. Der steirische Herzog hingegen residierte in der Burg am nordöstlichen Wehreck der Stadt. Von 1557 bis 1565 entstand dann relativ spät das Landhaus als Neubau und wurde damit zum Ausdruck standesgemäßer Repräsentation der mächtigsten Herren des Landes. Nur Herren? Ja, es saßen im Landtag auch Damen, nämlich die Äbtissinnen der Frauenklöster der „alten" Orden!

Die Pläne für den imponierenden Neubau stammten von dem italienischen Architekten Domenico dell'Allio. In seiner Heimat war ja mit der Renaissance auch das architektonische Mittelalter überwunden worden und das neue Landhaus erstand als einer der schönsten Monumentalbauten der modisch gewordenen Renaissance nördlich der Alpen. Durch etliche Jahrhunderte wurde an diesem Werk noch weitergebaut, umgestaltet und vergrößert. Heute tagt hier der Steiermärkische Landtag als moderne durch allgemeine Wahlen hervorgegangene demokratische Institution.

Die Front zur Herrengasse als Hauptverkehrsader des frühen Graz deutet mit ihren vielen Fensterachsen, Balkonen und dem markanten Uhrtürmchen als Dachreiter schon von fern auf die öffentliche Bedeutung des Bauwerkes hin. Und ganz oben erblickt man den steirischen Wappenpanther. Der große Arkadenhof lässt südliches Flair aufkommen und weist auf lombardische Vorbilder. Der meisterhafte Renaissance-Brunnen von 1590 mit seiner kunstvollen Bronzelaube und den Balustern voller mythologischer Anspielungen entführt in die Welt humanistischer Liebe zur Antike. Die Landstube als Tagungsort des Landtages einst wie heute entstand 1740/41, als Kaiserin Maria Theresia als Landesfürstin ihrem eben verstorbenen Vater Kaiser Karl VI. nachgefolgt war. Hohes Barock prägt Stuck, Malereien, Luster und Kachelöfen dieses Saales, der wie kein anderer die Kontinuität steirischen Selbstbewusstseins bis heute verkörpert. Der anschließende Rittersaal wurde kurz darauf als Ball- und Versammlungsraum dem adeligen Vergnügen gewidmet.

Die geschickt angelegte Raumteilung des großen Innenhofes zum anstoßenden Zeughaus hin besteht aus übereinander gelegten Arkaturen und verbindet den Haupttrakt mit der Landstube. Er wurde erst im 19. Jahrhundert meisterhaft eingefügt.

DIE WANDMALEREIEN DER KAPELLE IN BURG STRECHAU

Verschont gebliebenes Zeugnis evangelischer Glaubensstärke

Im 16. Jahrhundert hatte die Reformation in Gestalt des Luthertums auch das Herzogtum Steiermark ergriffen. Nach den Vereinbarungen des Augsburger Religionsfriedens von 1555 sollten von nun an die Landesherren und Fürsten nach dem Grundsatz Cuius regio eius religio das religiöse Bekenntnis ihrer Untertanen bestimmen. In der im Jahre 1600 einsetzenden gewaltsamen Rekatholisierung unter dem Landesfürsten Erzherzog Ferdinand, dem nachmaligen römisch-deutschen Kaiser Ferdinand II., wurden die anfänglichen Zugeständnisse in Glaubensangelegenheiten an den fast durchgängig protestantischen heimischen Adel außer Kraft gesetzt und dieser und seine evangelischen Untertanen zur Rückkehr zum katholischen Glauben oder zur Auswanderung gezwungen. Die meisten protestantischen Sakralstätten wurden zerstört oder umgewidmet, die Kirchen gesprengt und die im lutherischen Umfeld ohnehin raren Bildwerke „ketzerischen" Inhalts vernichtet.

Unter den Adeligen Hans und Hans Friedrich Hoffmann war die mächtige, hoch über dem Paltental gelegene Burg Strechau zum wichtigsten Stützpunkt der Evangelischen in der Obersteiermark geworden. Wenngleich die Reformation den überbordenden katholischen Bilderkult des Spätmittelalters ablehnte, entstand in dem später „Josephskapelle" genannten Bereich des evangelischen Betraumes ein einzigartiger Zyklus von Deckenmalereien aus dem Geist lutherischer Theologie. In Anlehnung an das Alte Testament und die deutsche Reformation entstand eine große Fülle feinteiliger Darstellungen. Gesetz und Gnade, Präfigurationen des Neuen Testaments im Alten, aber auch Anspielungen an die Missbräuche der alten Kirche zwingen zum konzentrierten Schauen in eine Welt, die von den Bildern der Tugenden strukturiert ist. 1579 datiert und vergleichsweise dem Nürnberger Kunstkreise verwandt, stammt dieser Bilderzyklus aus der Zeit größter protestantischer Machtfülle im Lande. Der künstlerische Wert wird noch durch die Tatsache erhöht, dass er zu den ganz wenigen vollständig erhalten gebliebenen Kunstwerken der steirischen Reformationszeit zählt.

DAS MAUSOLEUM KARLS II. VON INNERÖSTERREICH

Habsburgische Grablege im Seckauer „Dom im Gebirge“

Nach der Teilung der habsburgischen Erblande regierte Kaiser Ferdinands I. Sohn Karl von 1564 bis zu seinem Tode 1590 von seiner Residenz Graz aus Innerösterreich. Das war jener Länderkomplex, der aus den Herzogtümern Steiermark, Kärnten und Krain sowie Teilen von Kroatien und Istrien bestand. Unter seiner Herrschaft wurde der Grazer Hof vor allem im Kulturellen zu einer fürstlichen Residenz von europäischer Bedeutung. Man erkennt dabei, welch großen Einfluss die oberitalienische Spätrenaissance damals in der Steiermark auch in personeller Hinsicht ausübte. So war es auch ein Italiener, nämlich Alessandro de Verda, der das Gesamtkonzept dieser habsburgischen Grablege entwarf, die 1587, also noch zu Lebzeiten des Herzogs, begonnen wurde und 1611 ihre Vollendung fand.

Das Mausoleum wurde in die beiden Joche des nördlichen Seitenschiffes der romanisch-gotischen Stiftskirche eingebaut. Kostbare Materialien wie vielfältige bunte Marmore, vergoldete Bronze oder bemaltes Schmiedeeisen garantieren die prächtige Wirkung des Grabbaues, der in den üppigen Stuckfeldern des Sebastian Carlone Wandmalereien von Teodoro Ghisi trägt. Der als Kenotaph gearbeitete, also leere große Sarkophag wurde 1595 aufgestellt. Sein Deckel trägt die sorgfältig aus weißem Marmor gehauenen porträtgerechten Liegefiguren des Herzogs im Harnisch und seiner Gemahlin Maria von Bayern, die allerdings nach ihrem Ableben in Graz im Mausoleum ihres Sohnes Kaiser Ferdinands II. ihre letzte Ruhestätte finden sollte. Putten halten die Wappen der beiden fürstlichen Personen, umlaufende Reliefs erzählen von der Passion und Verklärung Christi. Außen sind die Funeralwaffen des Fürsten, nämlich Schwert, Dolch, Helm und Sporen angebracht, die im Leichenzug von Graz nach Seckau mitgeführt worden waren.

Die Gruft ist leer, denn bei der Aufhebung des Stiftes wurden die darin beigesetzten Leichen brutal herausgezerrt und irgendwo anders mehr verscharrt als würdig bestattet. Das war eine der bösen Seiten der josephinischen Klosteraufhebungen nach 1780.

DAS RADKERSBURGER RATHAUS

Fast wie eine Kirche anzusehen

Zu den Privilegien mittelalterlicher Städte gehörte auch die Wahl eines eigenen Verwaltungsgremiums, das in früheren Phasen der Siedlungsentwicklung aus Richter und Rat bestand. Am Beginn der Neuzeit wurde vielfach auch nach der notwendig gewordenen Teilung von Rechtsprechung und Administration einer Bürgergemeinde diese noch durch einen Bürgermeister ergänzt und dadurch gleichsam überhöht. Sitz einer solchen Stadtverwaltung, in der es noch andere wichtige Ämter wie das des Stadtschreibers und des Stadtkämmerers gab, war das Rathaus, dessen architektonische Entwicklung von wachsendem Bürgerstolz und gesteigerter Vorweisung eigenen Willens gegenüber dem Stadtherrn erzählt. Denn eine Stadt „gehörte" zumeist einem Herrn. In der Steiermark war es meist der Landesfürst selber.

Radkersburg, heute steirische Grenzstadt gegen Slowenien, war im Mittelalter zwischen 1261 und 1265 vom damaligen steirischen Herzog und böhmischen König Ottokar II. Przemysl an strategisch wichtiger Stelle als Bollwerk gegen die unruhigen und stets angriffslustigen Ungarn als Nachbarn angelegt worden. Darüber hinaus bildete es als Handelszentrum einen wichtigen Umschlagplatz für Wein, Vieh, Getreide und das obersteirische Salz, das auf dem Wasserweg der Mur bis hierher gelangte. Während der stets drohenden Türkengefahr des 16. und 17. Jahrhunderts wurde Radkersburg auch zu einer Hauptfestung ausgebaut und mit gewaltigen Bastionen und Wällen umgeben.

1607 bis 1612 erbaute der italienische Baumeister Domenico Gallo auf älteren Grundmauern das heutige „alte" Rathaus, das jedoch im Laufe der folgenden Jahrhunderte manche Umgestaltung erfuhr. An einer prominenten Stelle, nämlich der Ecke Langgasse-Hauptplatz errichtet, fällt auch auf, dass es sich über mehrere Hofstätten ausbreitet. Sein achteckiger, in seinen unteren Partien noch aus spätgotischem Mauerwerk bestehender eleganter Uhrturm mit seiner durch Einschnürungen gegliederten zwiebelförmigen Bedachung trägt als Zeichen landesfürstlicher Macht nicht ein Kreuz wie eine Kirche, sondern den doppelköpfigen kaiserlichen Adler. Er wurde, wie die oberen Geschosse, mit einer Rundumgalerie nach dem verheerenden Stadtbrand von 1806 durch den Baumeister Johann Michael Schmidt aufgesetzt.

In den beiden Weltkriegen hatte Radkersburg große Blutopfer bringen müssen. Nach 1918 war die Stadt von Truppen des expansionslüsternen Serbien besetzt worden. 1945 hatte sie schwere Endkämpfe und die folgende quälende sowjetische Besatzungsmacht zu ertragen. An diese dramatischen Phasen der neueren Stadtgeschichte erinnert die Außengestaltung der Turmunterzone durch den bekannten steirischen Bildhauer Hans Mauracher aus dem Jahre 1928. Im Erdgeschossraum wurden 1958 von Fritz Silberbauer eindrucksvolle Mosaiken derselben Thematik eingefügt. Das Rathaus ist deshalb auch als eine Art Geschichtsbuch zu betrachten.

Radkersburg besitzt dank der geologischen Umstände eine 80° C heiße Thermalquelle, auf der eine gesuchte Kuranstalt einen gewichtigen Fremdenverkehrsfaktor bildet. Auf Grund dessen wurde der Name der Stadt 1976 als Bad Radkersburg neu eingeführt.

DAS PAULUSTOR

Was vom wehrhaften Graz übrigblieb

Zu den Aufgaben mittelalterlicher Städte gehörte es auch, dass diese bei Bedrohung durch äußere Feinde für ihre eigene Sicherheit und der ihrer Einwohner selbst zu sorgen hatten. Schon die älteste Grazer Stadtansicht auf dem Landplagenbild kurz nach 1480 zeigt die Hauptstadt des Herzogtums Steiermark von Mauern umgeben, von Wehrtürmen überragt und mit Stadttoren gesichert. Bis ins 19. Jahrhundert führten sechs Stadttore durch die Stadtmauern in die Vorstädte, so etwa in der Sackstraße und in der Murgasse. Als Graz im 16. Jahrhundert zur stärksten und damals fortifikationstechnisch modernsten Festung im Abwehrgürtel gegen die Türken im Südosten des Reiches ausgebaut wurde, mussten auch die Stadttore den neuen Erfordernissen angepasst werden.

Von all dem sind heute nur mehr zwei derselben erhalten: Das Burgtor und das Paulustor. Letzteres hieß bis ins 19. Jahrhundert hinein noch das Äußere Paulustor, weil es Teil der Stadterweiterung war, die ab 1578 den Karmeliterplatz und die Verbauung des östlichen Fußes des Schlossberges der bisherigen Altstadt anfügte. Die Bedeutung als Residenzstadt und der Raumbedarf hatten dies erforderlich gemacht. Das Innere Paulustor in der Sporgasse beim Palais Saurau gelegen hatte den bisherigen Abschluss nach Norden bedeutet. Die Erweiterung wurde nach Nordosten durch den Bau des neuartigen Walltores beendet, das 1606 bis 1616 in die dortigen Bastionen eingefügt wurde. Sein Name spiegelt den Patron der in der Sporgasse gelegenen Stiegenkirche St. Paulus wider.

Dieses Stadttor ist das einzige erhalten gebliebene Renaissancetor von Graz, fielen doch alle anderen um 1860 dem damals als wichtiger als historische Bezüge gehaltenen Drang nach Modernisierung und Verkehrserleichterung zum Opfer.

Der dreigeschossige, in sich eine Art Zwinger umfassende Bau hat ein großes rundbogiges Durchfahrtstor und zwei seitliche Fußgängerpassagen. Auf den damaligen Landesfürsten Erzherzog Ferdinand, den nachmaligen römisch-deutschen Kaiser Ferdinand II. und seine Gemahlin Maria Anna von Bayern verweisen die zwei großen seitlichen Kartuschen mit beider Wappen, dem der habsburgischen Lande und des wittelsbachischen Bayern. 1606 schuf sie Filiberto Poccaballo, ein „welscher Gast", der damals zu den führenden Bildhauern Innerösterreichs zählte.

DAS GRAZER MAUSOLEUM

Ruhestätte Kaiser Ferdinands II., eines geborenen Steirers

In die größten Baumassen des mittelalterlichen und frühneuzeitlichen Graz eingefügt, erhebt sich zwischen Dom, Jesuitenkolleg und Domherrenhof als eine der edelsten Grablegen des Hauses Habsburg das Mausoleum des römisch-deutschen Kaisers Ferdinand II. aus der steirischen Linie dieser Fürstenfamilie. 1590 war er seinem verstorbenen Vater Erzherzog Karl II. als Herr über die innerösterreichischen Lande gefolgt. In Graz geboren, wollte Ferdinand, der 1637 sein Ableben fand, auch hier begraben werden. Und bereits 1614 erteilte er den Auftrag für die Errichtung seiner letzten Ruhestätte. An diesem letzten Willen änderte sich auch nichts, als er 1619 zum römisch-deutschen Kaiser erwählt wurde und seinen Hof nach Wien verlegte. Nach den Plänen von Pietro de Pomis entstand als herrlichster Bestandteil der Grazer Stadtkrone das Herrschermausoleum. Architekturgeschichtlich ist dieses als eines der wichtigsten Zeugnisse des Überganges vom Manierismus zum Barock zu begreifen. Im Grunde ist es aus zwei Teilen unterschiedlicher Funktion und Raumkonzeption zusammengesetzt. Diese sind einerseits eine der hl. Katharina geweihten Kirche, deren Vorgängerbau schon als Friedhofskapelle gedient hatte. Andererseits liegt südlich davon das eigentliche Mausoleum. In dessen Krypta ruhen der Auftraggeber, seine Gemahlin Maria Anna von Bayern und nach der Aufhebung des von ihr gestifteten Klarissinnenklosters im Paradeis auch seine ehedem dort beigesetzte Mutter Maria von Bayern.

Das prächtige barocke Heiligengrab der Karwoche stellt eine geistige Verbindung zwischen dem Tod des Kaisers und Jesus Christus dar. Im Übrigen war hier zehn Jahre lang bis zur Fertigstellung seines Mausoleums im Südtiroler Schenna der Sarg des 1859 verstorbenen Erzherzogs Johann aufgestellt.

Aus der Burggasse führt eine breite Treppe zur Fassade des Baues hervor, der vor allem wegen der Giebelgestaltung wie ein gespannter Bogen große dynamische Spannung gewinnt und auf den übrigen Baukörper überträgt. Dieser bildet mit seinen Skulpturen eine Bühne für die Darstellung des Martyriums der Titelheiligen Katharina. Turm und Kuppeln erheben sich im Grün ihrer Patina über der Anlage und bilden einen nicht zu übersehenden Akzent des Stadtbildes von Alt-Graz. Sie erklären auf optische Weise den Ehrentitel „Stadtkrone".

DIE RIEGERSBURG

Das nie bezwungene Bollwerk im Osten des Landes

Während erdgeschichtlich unruhiger Zeit rauchten in der Südoststeiermark etliche Vulkane und aus der aufgerissenen Erdoberfläche schoben sich Basaltpfropfen erstarrter Lava, die heute noch in ihrer Form und mineralogischen Zusammensetzung davon Kunde geben, dass die gegenwärtige Thermen- und Mineralquellenregion tatsächlich einst vor Jahrmillionen ein „Vulkanland" war, wie die Tourismuswerbung sie heute erfolgreich nennt. Einer dieser markanten Basaltfelsen trägt die Riegersburg, die nie bezwungene größte Grenzfeste des Landes, der Magyaren, Türken und Kuruzzen nichts anhaben konnten.

Sie ist nach einem hochfreien Adeligen namens *Rudiger* benannt, der kurz nach 1122 hier hauste. Dann herrschten von hier aus die Wildonier und die Kuenringer, wobei der Burgberg auf seinen beiden Hochflächen gleich zwei Wehrbauten trug. Um diese entbrannten zahlreiche Fehden zwischen dem Landesfürsten und den jeweiligen Besitzern. 1571 ging das Hochschloss Kronegg in den Besitz des Erasmus von Stadl über, der es grundlegend ausbaute und mitten in der Türkenzeit auch im Inneren überaus prächtig ausstattete. Ihre heutige Gestalt und Auszierung verdankt die Riegersburg ab 1648 jedoch der Besitzerin Elisabeth von Galler, geb. von Wechsler, dem „bösen Lieserl", wie sie wegen ihrer Streitlust im Volksmund geheißen wurde. Diese ließ die untere Burg abtragen und den gesamten Berg zu einer uneinnehmbaren Festung mit sieben Toren, zahlreichen Bastionen und Mauern sowie aus dem blanken Fels gehauenen Gräben ausbauen. Sie verzichtete aber keineswegs auf eine ungemein luxuriöse und komfortable Einrichtung. Ihr Motto dabei war: *Das Bauen ist mir eine Lust / Was es mich kost, ist mir bewusst.*

Ihr Schwiegersohn Johann Ernst von Purgstall vollendete den Festungsbau, der so ausgebreitet war, dass in Zeiten der Gefahr die bäuerlichen Untertanen samt ihrem Vieh sich hineinflüchten konnten. Hier befand sich auch eine Hauptkreidfeuerstation zum Signalement feindlicher Einfälle aus dem Osten. Seit 1822 ist die Burg im Besitz der Fürsten Liechtenstein. Wegen der furchtbaren Entartungen des menschlichen Geistes, die sich im Umkreis von Riegersburg im 17. Jahrhundert im Zeitalter der Hexenprozesse abspielten, fand auf ihr 1987 die bisher erfolgreichste Steiermärkische Landesausstellung unter dem Titel „Hexen und Zauberer" statt.

DER TÜRKE AM GRAZER PALAIS SAURAU

Ein heiteres Intermezzo in einer ernsten Zeit

'Eine alte Grazer Sage berichtet davon, dass im Jahre 1532 die Türken die steirische Hauptstadt erobert hätten, es ihnen aber nicht gelungen sei, auch den Schlossberg mit seiner Festung einzunehmen. Zum Beweis dafür verweist diese Volksüberlieferung auf die bunt bemalte Figur eines aus Holz geschnitzten Türken mit Turban, Schild und Säbel, der aus einer Luke knapp unter dem Dach des prächtigen Palais Saurau im oberen Bereich der Sporgasse herauszudringen scheint. Als nämlich im festlichen Saal dieses Adelspalastes am Ostabhang des Schlossberges der die Besatzungstruppen kommandierende Pascha mit seinen Agas und Begs beim Mahle saß, bemerkte ein scharfäugiger Kanonier auf den Zinnen der Festung die hochlöblich schmausende Versammlung. Es wird wohl ein Hammelbraten gewesen sein. Er richtete sein Geschütz, löste den Schuss. Die herabsausende Kanonenkugel riss den Braten aus der großen aufgetischten Schüssel und schleuderte ihn zum gassenseitigen Fenster hinaus. Zwar wollte ihn einer der Esser noch erhaschen, allein er war zu langsam, das gute Stück war schon auf der Straße und der zornige Fremdling blieb zeternd in der Luke stecken, wo er eben noch heute zu sehen ist.

Eine schöne Geschichte, die schon viele Generationen erheitert hat! Sie ist nur keineswegs in historische Zusammenhänge zu bringen. Zwar war ein riesiges osmanisches Heer 1532 nach einem vergeblichen Marsch nach Wien wieder umkehrend südlich der Stadt an dieser vorbeigezogen, hatte sie aber nicht berührt, geschweige denn erobert oder besetzt. Unser hölzerner Türke ist nur ein originelles Hauszeichen aus dem 17. Jahrhundert und war wahrscheinlich in seiner ursprünglichen Verwendung eine Figur für ein Geschicklichkeitsspiel zu Pferd, eine *Quintana*, gewesen. Das Original befindet sich heute im Graz-Museum.

DER HOCHALTAR DER STADTPFARRKIRCHE ST. MATTHÄUS ZU MURAU

Überzeugende Harmonie von Gotik und Barock

Die Murauer Stadtpfarrkirche liegt beherrschend auf dem Südhang des Schlossberges. Sie zählt zu den ältesten gotischen Bauwerken des Landes. Noch im 13. Jahrhundert war sie auf Grund einer Stiftung des Geschlechtes der Liechtensteiner erbaut worden und bekam 1333 den Rang einer Pfarrkirche. Durch den imponierenden Raum des Schiffes wird der Blick in den Chor gelenkt, der in seiner ganzen Breite durch einen Hochaltar von 1655 ausgefüllt wird. Er besitzt ein barockes Gehäuse, das der Tischler Balthasar Khienberger und der Bildhauer Sebastian Mass schufen. Eine kostbare Kreuzigungsgruppe eines süddeutschen Meisters der Gotik füllt die hohe Altarnische aus. Dem Typus nach handelt es sich um einen viergeschossigen reich vergoldeten Wandaltar. Die gotischen und barocken Statuenprogramme entfalten sich vor dem Betrachter in großem harmonischen Gleichklang.

Der Barock zeigt uns viele ikonographische Verschränkungen. Es sind die Heiligen Florian und Sebastian als anzuflehende Helfer und Fürsprecher in Feuers- und Pestgefahr zu sehen. St. Matthäus als Namenspatron der Kirche steht in der zentralen Obernische. Auch die Evangelisten Markus und Lukas erscheinen und werden nicht nur durch St. Johannes Evangelista ergänzt, sondern in ihrer kanonischen Vierzahl auch durch den anderen Johannes, nämlich den Täufer bereichert. König David, St. Leonhard und St. Ägydius bilden die oberste der barocken Figurenreihen.

Von ergreifender seelischer Tiefe ist die Sicht der Kreuzigung Christi durch den anonymen Meister, der als Schnitzer der Schreingruppe um 1500 in Frage kommt. Die Kunstwissenschaft hat nicht nur einen Gesellen des Wiener Neustädter Lorenz Luchsberger als Schöpfer dieser Skulpturen vorgeschlagen, sondern sogar den Namen des großen Gregor Erhard, der um diese Zeit in Bayern wirkte, ins Spiel gebracht.

DER GRAZER KALVARIENBERG

Büßende Pilgerscharen auf dem Weg nach Golgatha

Im 17. und frühen 18. Jahrhundert umfasste die Grazer Bruderschaft von der Todesangst Christi als eine geistliche Vereinigung tausende Mitglieder aller Stände. Sie und noch andere frommen Laienvereinigungen pilgerten in der Karwoche im Gedenken an die Passion Christi bußfertig nach dem Austein in der Göstinger Au unweit der Mur im Norden von Graz, wo zu Zeiten der beginnenden Gegenreformation durch die Jesuiten, die in Graz ein Kolleg betrieben, die Errichtung eines Kalvarienberges ins Werk gesetzt worden war. Dieser ist bis heute das schönste und ergreifendste materielle Zeugnis barocker Volksfrömmigkeit im ganzen Land geblieben.

Als durch die ständige Konfrontation mit dem Islam und die endgültige Eroberung des Heiligen Landes durch die Sarazenen die Pilgerfahrt dorthin nahezu unmöglich geworden war, begann die katholische Kirche von Nordwestitalien aus mit der Propagierung einer architektonischen Kopie der Orte und Stätten von Christi Leiden und Tod. Dies waren die Wurzel und der Ursprung der zahlreichen Kalvarienberge auch in den Ostalpenländern. Den Gläubigen war dadurch die Möglichkeit eröffnet, in einer für real gehaltenen räumlichen Nachbildung den Leidensweg nach Golgatha, der „Schädelstätte" auf dem Hügel unweit Jerusalem, von der Verhaftung bis zum Kreuzestod und zur Grablegung stationsweise betend nachzuvollziehen.

In Graz schenkte 1596 Ferdinand von Maschwander den ihm gehörenden solitär aufragenden aus Grünschiefer bestehenden Felsen der von den Jesuiten geleiteten Bruderschaft Mariä Reinigung. 1606 wurden dann auf der Spitze des markanten Berges drei Kreuze errichtet. Nach und nach entstanden durch Treppenwege verbundene Bildnischen und Kapellen, die den Weg hinauf begleiten. Sie sind mit lebensgroßen, farbig gefassten Figuren bestückt, die die Leidensszenen oft erschreckend realistisch verkörpern.

An die Südseite der Anlage schmiegt sich unter Einbeziehung des Felsens die 1668 erbaute heutige Pfarrkirche zum Heiligen Kreuz mit ihren theatralisch die Verurteilung und Verspottung Jesu plastisch vor Augen führenden Szenen.

ANTIKE GÖTTER UND HELDEN

Der Festsaal des Schlosses Trautenfels und sein Maler Carpoforo Tencala

Dort, wo sich im steirischen Ennstal die Salzstraße aus dem Norden und die Ost-West-Verbindungen nach Salzburg kreuzen, erhebt sich auf einem Felsen über dem Talgrund das Schloss Trautenfels. In seiner barocken malerischen Ausstattung kann in der Steiermark nur das Grazer Schloss Eggenberg mit ihm konkurrieren. Im Mittelalter wurde der Wehrbau als Burg Neuhaus bezeichnet, der die strategisch wichtige Region unterhalb der traungauischen Pfalz Pürgg beschützen sollte. Unter den Herren von Hoffmann auf Strechau und Grünbühel wurde dieser Herrschaftssitz zum Mittelpunkt des Ennstaler Protestantismus lutherischer Prägung. Für seine evangelischen Untertanen baute der Grundherr unweit von Neuhaus eine eigene Kirche, die aber der Rekatholisierung der Gegenreformation zum Opfer fiel und gesprengt wurde. Ihre Überreste sind heute als Denkmal zu besichtigen.

1664 bis 1815 war das Schloss im Besitz der Familie Trautmansdorff, die es nach dem aufwändigen Umbau zu einem prachtvollen Barockschloss in *Trautenfels* umbenannten. 1878 bis 1942 gehörte es der gräflichen Familie Lamberg. In seinen beiden Obergeschossen ist seit 1951 das Landschaftsmuseum Trautenfels als Abteilung des Universalmuseums Joanneum untergebracht. Unter den Kuratoren Haiding, Hänsel und Krenn ist es wegen seiner Schätze und den daraus generierten Sonderausstellungen und vielfältigen weiteren Kulturprogrammen zu einem der wichtigsten Touristenziele der Obersteiermark geworden.

Unter den zahlreichen mit Stuck und Deckenmalereien geschmückten Räumen des ersten Stockes sticht besonders der zweigeschossige Festsaal hervor. Drei wappengeschmückte Portale aus kostbaren Marmoren erschließen ihn. Üppiger plastischer Stuck aus der Werkstätte des Alessandro Serenio gliedert diese Galerie in 21 Felder, die einer der bekanntesten Freskanten des ausgehenden 17. Jahrhunderts malerisch auszierte. Carpoforo Tencala (1623-1685) wird überhaupt als Erneuerer der Freskomalerei angesehen. Er arbeitete in den Stiften Lambach und Heiligenkreuz, in der Wiener Hofburg, im Eisenstädter Schloss Esterházy, in Wiener Adelspalästen und Kirchen wie Abensberg-Traun und am Hof. Sein aufwändigstes Werk sind die Deckengemälde des Domes zu Passau. Die Nennung dieser seiner von ihm erhöhten Schaffensstätten möge seine Bedeutung für Trautenfels unterstreichen.

Den Trautenfelser Saal hat er selbst mit 1670 datiert und signiert. Tencala ist ein formal und inhaltlich großartiger Gestalter. Im Mittelpunkt der Decke sind die antiken Götter Zeus und Hera zu sehen. Die Abenteuer des Herkules und die Allegorien der vier Jahreszeiten greifen weiter in die griechisch-römische Mythologie. Die Tugenden werden als christliche Werte den Werten des Altertums gegenübergestellt.

DIE STADTPFARRKIRCHE ST. XAVER ZU LEOBEN

Österreichs schönste Jesuitenkirche

Das seit 1811 als Stadtpfarrkirche von Leoben dienende Gotteshaus St. Xaver war ursprünglich die Ordenskirche der seit 1613 in Leoben ansässigen Jesuiten, der Gesellschaft Jesu. Erzherzog Ferdinand, der spätere römisch-deutsche Kaiser Ferdinand II. hatte diese seine landesfürstliche Burg für die Gründung eines Kollegs zur Verfügung gestellt. Unter Einbeziehung von Resten eines noch mittelalterlichen Kirchenbaues errichtete 1660 bis 1665 Pietro Francesco Carlone einen Neubau. An dessem Äußeren beeindruckt dieser durch seine Monumentalität und gleichzeitige Schlichtheit. Ein Legat des Vordernberger Radgewerken Christoph Jantschitsch hatte das gewaltige Unternehmen finanziell gesichert.

In der Folge wurde das Innere prunkvoll im international einherschreitenden Dekorationsstil der kulturell und politisch damals mächtigsten Ordensgemeinschaft der Christenheit installiert. Man spricht allgemein vom „Jesuitenstil". Da es danach durch heute glückhaft erscheinende Umstände im Gegensatz zu den anderen österreichischen Jesuitenkirchen kaum zu Anpassungen an den jeweiligen Zeitstil gekommen ist, ist die Leobener Ordenskirche gegenwärtig die schönste und am besten erhaltene dieses Typs in ganz Österreich. Man bemerkt allerdings auch, dass die Decke der Kirche keinerlei Stuck und Malerei aufweist.

Der mächtige Hochaltar dominiert das gesamte Innere. Die sechs Seitenaltäre unter Emporen und die imponierende Kanzel stimmen ebenfalls in den feierlichen Akkord von Schwarz und Gold ein. Auf dem Hochaltar verweisen die beiden Salzburger Diözesanheiligen Rupert und Virgil sowie ein Kardinalswappen von 1670 auf den Stifter, den Salzburger Erzbischof Maximilian Gandolf von Khuenburg, den *Primas Germaniae*, der zuvor Seckauer Oberhirte gewesen war. Zu den schönsten und künstlerisch wertvollsten Gemälden des Landes zählt das Hochaltarbild mit der Aufnahme des Jesuitenheiligen Franciscus Xaverius in den Himmel. Der bekannte deutsche Barockmaler Johann Heinrich Schönfeld hatte es 1669 geschaffen.

Eine berührende Erinnerung an die Jahre der Covid 19-Pandemie in den 20er Jahren des 21. Jahrhunderts ist die Einfügung von Bildern aus dem Martyrium der hl. Corona als Namengeberin des Seuchenvirus in den Sockel des Hochaltars, die Stadtpfarrer Dr. Markus Plöbst veranlasst hatte.

FRAUENBERG BEI ADMONT

Sieghaftes Barock in steirischen Bergen

Drei „heilige Berge“ gibt es in der Steiermark, deren Höhen von Kirchen gekrönt werden, die der Gottesmutter Maria geweiht sind. Es sind dies der Frauenberg bei Leibnitz, der auf dem Rehkogel bei Bruck. a. d. Mur und schließlich der am reichsten geschmückte und in berückender Schönheit in der Ennstaler Gebirgslandschaft auftretende Frauenberg bei Admont. Diese marianische Gnadenstätte ist im Gegensatz zu den vorgenannten bewusst von einer altehrwürdigen Abtei, dem Benediktiner Stift Admont in die volksfromme Infrastruktur der Landschaft um das Kloster eingefügt worden.

Die Legende von einem von den Fluten der Enns herbeigetragenen und am Fuße des Kulm, eines das Ennstaler Moor überragenden Inselberges, angeschwemmten Marienbild, das trotz Verbringung in das Stift immer wieder an den Ort seiner Auffindung zurückkehrte, soll den Anstoß zur Erbauung einer Kapelle gewesen sein. Daraus war dann eine veritable Kirche geworden. Von diesem gotischen Bau, dessen Grundstein 1410 gelegt worden war, hat sich nichts Sichtbares erhalten, denn der hochbarocke Neubau hatte sich über die mittelalterliche Bauüberlieferungen hinweggesetzt. Das vermögende Stift nahm die siegreiche Zurückdrängung der Osmanen nach 1683 auch sofort zum Anlass, um wie von einer jahrhundertelang bedrückenden Furcht befreit den Sieg der wahren Religion über Ungläubige und „Ketzer“ mit einem gewaltigen Bauwerk zu feiern und den Marienkult noch weiter zu steigern.

Das Ergebnis ist imposant, wurde doch die damals das bauwillige sakrale Österreich dominierende Familie der Carlone mit ihren Baumeistern und Stuccatori auch hier beschäftigt. Nach Plänen seines bereits verstorbenen Vaters Pietro Francesco errichtete Carlantonio Carlone zwischen 1683 und 1687 diese weithin das Ennstal bis zu Stift und Gesäusebergen hin beherrschende zweitürmige Wallfahrtskirche Mariä Opferung. Ihr Inneres wurde von Gianbattista Carlone überreich mit üppigem ornamentalem und figuralem Stuck ausgeziert. Bis weit ins 18. Jahrhundert hinein dauerte die weitere innere Ausgestaltung, an der sich auch die Admonter Bildhauerwerkstatt des genialen Josef Thaddäus Stammel beteiligte. Gleichzeitige Deckenmalereien mit Zyklen des Marienlebens führen den Blick in die Höhe. Ein beziehungsvoller Hinweis auf die Bergbautätigkeit des Stiftes sind die streng gegliederten äußeren Turmflächen, die mit glänzenden Kupferschlacken belegt sind.

DER EGGENBERGER PLANETENSAAL

Sinndeutung eines Fürstenhauses

Als der bedeutendste steirische Barockmaler Hans Adam Weissenkircher den Auftrag zur Gestaltung des großen Festsaales im Grazer Schloss Eggenberg erhielt, legte er den Wünschen des Fürsten von Eggenberg gemäß ein erst 1968 im Landesarchiv vom Verfasser wiederentdecktes gedrucktes Programm des Inhalts der geplanten malerischen Ausstattung vor. Der Maler selbst bezeichnete diesen größten und repräsentativsten Saal des Schlosses wegen der zahlreichen astronomisch-mythologischen Anspielungen als Planetensaal. Als Hans Ulrich von Eggenberg 1623 in den Reichsfürstenstand erhoben worden war, ging er daran, den bereits bestehenden mittelalterlichen Hof seiner Vorfahren zu einem seiner neuen Stellung angemessenen Prunkschloss umzubauen. Giovanni Pietro de Pomis, der auch das Grazer kaiserliche Mausoleum errichtete, schuf die Pläne dafür, wonach das Gebäude dem Madrider Prunkschloss Escorial gleichen sollte.

Dem manieristischen Zug der Zeit mit seiner sich ins Kosmische gesteigerten Symbolik folgend, weist der gewaltige quadratische Block der Baumasse etliche Zahlenbezüge zu den Jahreszeiten, Monaten, Wochen, Tagen und Tageszeiten auf. Das Schloss ist eine Allegorie der Schöpfung, in welcher die Sonne, den irdischen, den zeitlichen Fixpunkt bildet. In Weissenkirchers meisterhafter Durchbildung der Apotheose des Fürstenhauses Eggenberg findet der Saal seine inhaltliche malerische Krönung. Die durch reichen Stuck gegliederte Decke trägt das große Ölgemälde, in welchem sich in antik-mythologischem Gewande, durchsetzt von der Wappensymbolik der Besitzungen des Hauses, die Vergöttlichung des Bauherrn vollzieht. In zahlreichen weiteren Ölbildern und Secco-Grisaillen werden die sieben Planeten, die zwölf Tierkreiszeichen und die vier Elemente zur Vermehrung eines als universell gesehenen Ruhmes des Fürstenhauses beschworen. Zahlreiche Embleme vertiefen den virtuosen Sinn dieses gelehrten Kosmos eines in Italien an den Quellen solcher Weltsicht geschulten Malers wie es Weissenkircher war. Zu Recht gilt der 1684 vollendete Eggenberger Planetensaal als eines der imposantesten Zeugnisse fürstlicher Repräsentation in Österreich.

DAS EGGENBERGER MAUSOLEUM ZU EHRENHAUSEN

Ein Höhepunkt des Manierismus

Im späten 16. Jahrhundert schiebt sich der Manierismus auch in unseren Landen als ein eigener Kunststil zwischen Renaissance und Barock. Sein bedeutendstes Beispiel in der Steiermark ist das hoch über dem einst in eggenbergischem Besitz befindlichen Markt Ehrenhausen stehende Mausoleum des Fürstenhauses Eggenberg. Über ihm erhebt sich noch etwas höher gelegen das gleichnamige Schloss. Die Eggenberger hatten in der kritischen Zeit der Türkenabwehr einige hervorragende und auch siegreiche Militärs hervorgebracht, so den Generalfeldzeugmeister Ruprecht von Eggenberg, die führende Kraft an der Militärgrenze, dem Schutzkordon der landesfürstlichen Erblande gegen die Osmanen. Dieser gab den Grabbau noch vor 1609 mit der Bestimmung in Auftrag, dass darin alle katholischen Mitglieder der Familie, die in der kaiserlichen Armee einen Offiziersrang bekleidet hatten, beigesetzt werden sollen.

Die Pläne zu dem Bau stammten möglicherweise von dem bekannten italienischen Architekten Pietro de Pomis, der damals vor allem in der innerösterreichischen Residenzstadt Graz wirkte und unter anderem das Kaisermausoleum für Ferdinand II. entworfen hatte. Fertiggestellt wurde der Bau in Ehrenhausen allerdings erst 1693. Er wurde Grablege nicht nur für den Stifter, sondern auch für den 1615 verstorbenen General Wolf von Eggenberg und schließlich auch für den Olmützer Erzbischof Theodor Kohn. Letzterer war 1904 bis zu seinem Tod 1915 auch Besitzer des oberhalb des Mausoleums gelegenen Schlosses. Er hatte wegen seines unleidlichen Auftretens aus seiner Diözese quasi fliehen müssen und hatte sich hierher verfügt.

Die Schauseite des Grabbaues wird ganz von der martialischen Symbolik der Türkenabwehr beherrscht. Die beiden Kriegerkolosse zu beiden Seiten sollen die größten aus einem Block gehauenen Steinskulpturen Europas sein. Ihre Sockel zeigen in Reliefs zwei der wichtigsten christlichen Erfolge der Türkenkriege des 16. Jahrhunderts, nämlich die Schlacht von Sissek 1593 zu Land und die Seeschlacht von Lepanto 1571. In der Gruft erinnern die steinernen Sarkophage der Feldherren mit ihren Inschriften und Symbolen an die Vergänglichkeit des menschlichen Lebens.

DER MARIAZELLER HOCHALTAR

Ein Werk des steirischen Barockarchitekten Johann Bernhard Fischer von Erlach

Im 17. und 18. Jahrhundert war das Herzogtum Steiermark durch die Verlegung des Hofes nach Wien und die Schaffung des absolutistischen Zentralstaates habsburgischer Prägung wieder an den Rand des Reiches gerückt. Sie hatte dadurch viel von ihrer früheren Bedeutung verloren. Wer als Künstler Karriere machen und Aufträge bekommen wollte, musste sich in Zukunft in die Haupt- und Residenzstadt an der Donau begeben. Auch der 1656 in Graz geborene geniale Architekt Johann Bernhard Fischer von Erlach erhielt seine wichtigsten Aufträge nicht in der Steiermark. Nur zwei große Werke wurden hierzulande nach seinen Plänen realisiert: Die Innenausstattung des Grazer Mausoleums für Kaiser Ferdinand II. und der Hochaltar der Wallfahrtsbasilika Mariazell.

Dieser zählt zu den Hauptwerken der Altargestaltung des Hochbarock in Österreich überhaupt. 1693 wurde er entworfen, 1700 bis 1702 aus vielfältigen Marmorarten errichtet und 1704 geweiht. Der konkav geschwungene, den gesamten Chorschluss des barocken Erweiterungsbaues der bedeutendsten Wallfahrtskirche Österreichs einnehmende Säulenaltar folgt einem theologischen Programm, das die Heilige Dreifaltigkeit in der Form des sogenannten Gnadenstuhls auf ungewöhnliche Weise paraphrasiert: Gott Vater nimmt das Kreuzesopfer Jesu Christi an. Der Tabernakel ist als Symbol der Universalität der Erlösung zu sehen, denn er besteht aus einer silbernen Weltkugel, auf welcher die Erdteile nach dem damaligen Stand der Geographie eingezeichnet sind. Die Skulpturen Mariä und des Johannes zu Füßen des Kreuzes sind aus Holz nachgeschnitzte Kopien der in der Franzosenzeit um 1800 eingeschmolzenen im Original silbernen Statuen.

CHRISTI PASSION AUF DER FESTENBURG

Ein barockes Theatrum sacrum in der Oststeiermark

Die obersteirischen Stifte taten sich, wenn sie oberhalb der Weinbaugrenze angesiedelt waren, schwer in der Beschaffung edler Tropfen für den Eigenbedarf und für den Ausschank in ihren privilegierten Tavernen. Schon 1144 ist das obersteirische Benediktinerstift Admont in Straßgang südlich von Graz an einem Ausläufer des Buchkogels im Besitz einer rebenträchtigen Burgstelle. Die Weinbaugrenze im Murtal lag damals etwa bei Frohnleiten. Ab 1557 wich der Wehrbau dann einer neuen Propstei in Gestalt eines mächtigen Renaissanceschlosses. Als bei einer barocken Umgestaltung die alte Schlosskapelle ihre bisherige Funktion verloren hatte, errichteten die Admonter gegenüber ihrem Schloss eine frei stehende Kirche, die das alte Patrozinium des hl. Martin weitertrug. In ihr wurde 1645 vorderhand ein Hochaltar aufgestellt, der später seinen Weg in die admontische Pfarre St. Martin am Grimming im steirischen Ennstal fand. Hier nimmt sich heute die Skulptur des Weinbaupatrons St. Urban am Fuß eines fast das ganze Jahr über mit Schnee bedeckten Berges einigermaßen kurios aus.

Im oststeirischen Wechselgau liegt in einem Tal, das vom Hochwechsel herabstreicht, eine mittelalterliche Burg, die einst einen Teil ihrer Wehrhaftigkeit und Stärke aus ihrer verborgenen Lage bezog. 1616 erwarb sie das in der Gegend reich begüterte Chorherrenstift Vorau, dessen Propst Philipp Leisl damals kurzfristig auch an die Einrichtung eines Chorfrauenstiftes gedacht hatte. Was im Lauf eines Jahrhunderts aus dem Wehrbau tatsächlich geworden ist, erfüllt uns heute mit Staunen, denn hier verbinden sich architektonischer Gestaltungswille, eine theologische geistige Programmatik und der Einsatz führender Kräfte des steirischen Barock zu einem sinnlichen Spektakel, das von staunender Ergriffenheit bis zu Beängstigung und Bestürzung führen kann. Hochbarocker Realismus, prätentiöse Bildsymbolik und volksfromme Buntheit vereinen sich zu einem *Theatrum sacrum*, das nicht bühnenhaft bleibt, sondern durch welches der Pilger selber wandern und sich den unentwegt verändernden Szenarien hingeben kann.

Die Katharinenkapelle war schon 1616/17 errichtet worden, die ein Jahrhundert später radikal verändert zur heutigen Pfarrkirche wurde. Leben und Martertod der Titelheiligen verbinden sich auf der Festenburg in enger und vielfältiger Weise mit der Passion Christi. Der geniale Vorauer stiftische Maler Johann Cyriak Hackhofer hat dazu in den sechs Kapellenräumen und in der Katharinenkirche sämtliche Wandmalereien geschaffen. Am frappantesten gelang dabei die Krönungskapelle. Wer diese betritt, vermeint, in einem Kerker zu stehen, wobei alle Details der Architektur und Einrichtung perspektivisch gemalt sind und raffiniert schattiert das Auge täuschen. Man kann dabei sogar zum „Begreifen“ verführt werden. Nur die Majestät des sitzenden und hohnvoll mit Dornen gekrönten Schmerzensmannes ist als eine Skulptur geschnitzt. Der Bildhauer Johann Fenest schuf diese nach einem Entwurf Hackhofers. Mit dieser Kapelle erreicht der barocke steirische Illusionismus seinen Höhepunkt.

RÖSSER UND HEILIGE

Barocke Virtuosität in der Kirche St. Martin

Wenn ein Habsburger nach dem Tode seines Vorgängers als Landesfürst die Nachfolge antrat, so schrieben ihm Gesetz, Tradition und Herkommen vor, den Landständen aus Adel und Kirche deren Vorrechte zu bestätigen. Im Herzogtum Steiermark geschah dies auf Grund der sogenannten *Landeshandfeste,* die wiederum auf dem Georgenberger Vertrag von 1186 fußte, mit welchem die Steiermark Österreich anheimgefallen war. Eine solche Erbhuldigung war an die persönliche Anwesenheit des Herzogs gebunden und hatte eine feierliche und festliche Reihe von Zeremonien, symbolischen Ritualen und Vergnügungen zur Folge. Im Zeitalter des Absolutismus und des Gottesgnadentums trat der Gegensatz zwischen Landesfürst und Landständen zurück, und während die Privilegienbestätigung an dieselben sozusagen im kleinen Kämmerlein stattfand, erfolgte die Treuebezeugung der Stände an den Fürsten mit größtem Prunk in aller Öffentlichkeit und wurde von Umzügen, Paraden, Hochämtern und Banketten begleitet.

In St. Martin bei Straßgang aber entstand in nur drei Jahren von 1738 bis 1740 DAS Meisterwerk sakraler spätbarocker Altargestaltung, das dreifache Ensemble der Pferdaltäre des stiftisch admontischen genialen Bildhauers Joseph Thaddäus Stammel. In aufregender Weise nimmt der Meister auf dem Hochaltar das Motiv des antik-römischen Legionsoffiziers und nachmaligen Bischofs St. Martin auf. Hoch zu Pferd, gerüstet und gewappnet, vollzieht er die großherzige Mantelspende an den erbarmungswürdigen halbnackten Bettler zu Füßen seines Schlachtrosses. Fast lebensgroß steht diese Gruppe, von Engeln umspielt, die beziehungsvolle Attribute tragen, zentral auf dem Altar.

Die beiden Seitenaltäre variieren das Thema Pferd im Sakralraum weiter. Links erblickt man den Sturz des Saulus. Mit zerquältem Gesichtsausdruck von der Wucht seiner Vision vor Damaskus getroffen und dadurch zum Paulus geworden, sinkt er zu Boden. Rechts geschieht die Wunderheilung eines Pferdes durch den hl. Bischof Eligius. Die freudig erstaunte Mimik des ob dieses Wunders entzückten Rossknechts zählt zu den beglückenden Leistungen der Darstellung menschlicher Seelenregung und ist in ihrer psychologischen Auslegung nur mit der physiognomischen Charakterisierung der Hirten in Stammels Admonter Weihnachtskrippe vergleichbar.

DIE GRAZER ERBHULDIGUNG VON 1728

Das kostbarste barocke Druckwerk des Landes

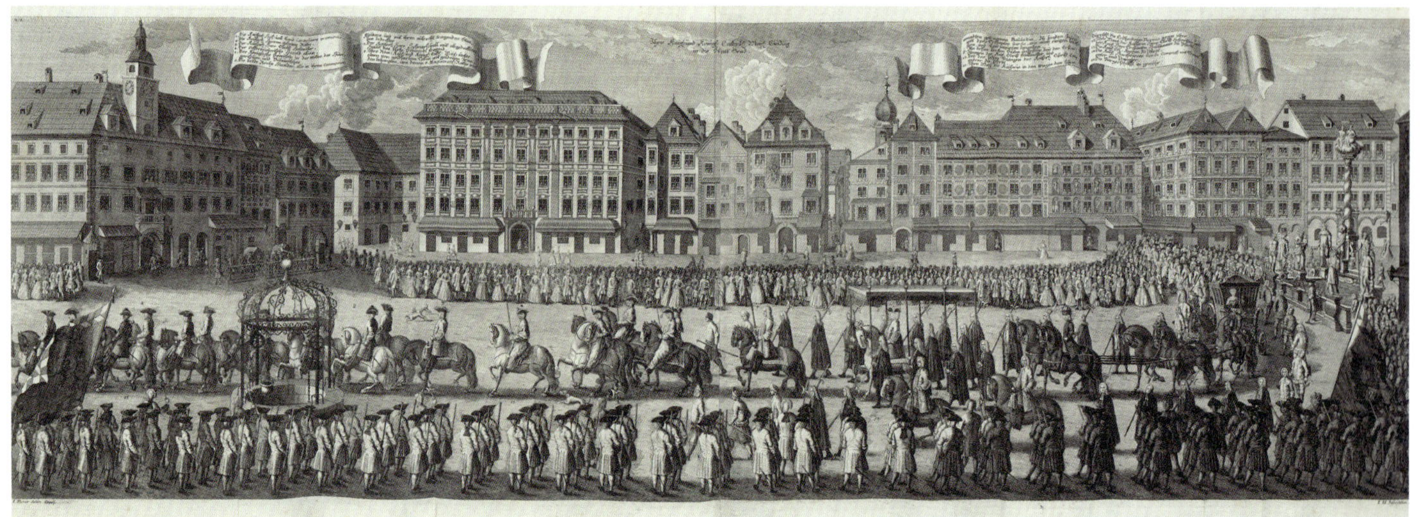

Die letzte derartige steirische Erbhuldigung fand nach dem Regierungsantritt Karls VI. als römisch-deutscher Kaiser und zugleich steirischem Herzog 1728 in Graz statt, schloss aber auch einen Ausflug nach Leoben und ins Gebiet um den Berg Reiting ein. Dort wurde eine gewaltige Jagd abgehalten, bei der hunderte bäuerliche Untertanen den fürstlichen Jägern das Wild vor die Büchse treiben mussten. Seine Tochter „Kaiserin“ Maria Theresia verzichtete als Verfechterin des absolutistischen Zentralstaates bereits auf solche politische Manifestationen. Der Eindruck von der letzten Erbhuldigung 1728 war aber so nachhaltig, dass noch 14 Jahre später der heimische Autor Jakob Georg von Deyerlsberg einen wahren Prachtband mit der reich illustrierten Darstellung der damaligen Ereignisse verfasste und bei Widmanstetter in Graz drucken ließ. Zahlreiche inhaltlich fesselnde und künstlerisch höchstwertige Kupferstiche begleiten die Textfassung. Diese Stiche sind auch eine einzigartige Quelle zum Aussehen von Graz in der ersten Hälfte des 18. Jahrhunderts.

Die Bildentwürfe stammen von dem heimischen Künstler Franz Ignaz Flurer, während die Umsetzung in Kupferstiche dem Augsburger Stecher Johann Heinrich Störcklin anvertraut wurde. Der steirische Graphiker Christoph Dietell steuerte noch zwei prachtvolle Ansichten von Graz und eine Landkarte des Herzogtums bei. Ein Prachtexempar in grünen Samt gebunden und mit Silberbeschlägen verziert gelangte auch an den Hof Maria Theresias nach Wien.

DIE ADMONTER KRIPPE DES JOSEPH THADDÄUS STAMMEL

Der Höhepunkt frommer Bildkunst im Dienste der Weihnachtszeit

1865 legte ein verheerender Brand einen Großteil des ältesten Männerklosters der Steiermark, des Benediktinerstiftes Admont, in Schutt und Asche. Außer der weltberühmten Stiftsbibliothek wurde aber wie durch ein Wunder auch die berühmteste Weihnachtskrippe Österreichs gerettet. Sie ist das Werk des genialen Admonter Stiftsbildhauers Josef Thaddäus Stammel, dessen Persönlichkeit den Höhepunkt heimischer Schnitzkunst des 18. Jahrhunderts markiert. In jungen Jahren vom Stift auf eine Bildungsreise nach Italien geschickt, lernte er in Rom und Neapel die tief ins Volksleben greifende realistisch-bunte Welt der südeuropäischen Weihnachtskrippen kennen. Er übertrug diese prägenden Erfahrungen 1755/56 in das Wunder der Admonter Inszenierung der Geburt Christi in ihrer biblischen Spiegelung.

Die Anbetung des Christkindes durch die Heiligen Drei Könige und die Hirten vollzieht sich in der Atmosphäre eines märchenhaften Morgenlandes. Engel schweben über dem Geschehen. Die prachtvoll gekleideten und geschmückten Fürsten aus dem Orient nähern sich mit ihrem Gefolge demutsvoll der Krippe, an der sich Maria als liebreizende Jungfrau mit dem frischen Gesicht eines obersteirischen Bauernmädchens über das Kind beugt. Vor naiver Freude glänzen die Gesichter der armen Hirten, die mit ihren ländlichen Gaben herbeikommen. Einer von ihnen, ein schöner Jüngling, trägt einen Brotwecken, wie er stilisiert auch im Admonter Stiftswappen vorkommt. Sein Haupt soll das Selbstporträt Stammels sein, der sich damit in eigener Person in das Heilsgeschehen eingefügt haben könnte. Ein feiner Humor klingt auf, wenn man in die eifrig erregten neugierigen Gesichter etwa des kleinen Pagen oder des kindlichen Hirtenknaben blickt, oder wenn zwei kämpfende Ziegenböcke der Staffage in der stiftischen Überlieferung nach zwei stets miteinander im Streit liegende Benediktinerpatres als Hausgenossen des Künstlers gewesen sein sollen.

DIE VERKÜNDIGUNG MARIÄ

Veit Königers Meisterwerk führt bereits zum Klassizismus hin

In der Plastik endet das steirische Spätbarock und Rokoko mit dem Werk Veit Königers. Dieser war 1729 bei Innichen in Südtirol geboren worden und starb 1792 in Graz. Seine Skulpturen nehmen in ihrer schlanken Durchbildung und unekstatischer Kühle bereits wesentliche gestalterische Elemente des Klassizismus vorweg. 1756 schuf er jedoch eine monumentale Verkündigungsgruppe für die damalige Dominikaner- und heutige Pfarrkirche St. Andrä in der Grazer Gries-Vorstadt. Diese beiden Skulpturen des Erzengels Gabriel und der Jungfrau Maria sind in Ausdruck und Fassung jedoch noch ganz dem barocken Gestus von Innerlichkeit und triumphierendem Glauben verpflichtet. Die Gruppe stellt heute eines der großartigsten und am meisten beeindruckenden Kunstwerke der reichen Sammlungen der Alten Galerie am Universalmuseum Joanneum in Graz dar.

Ehemals waren Gabriel und die demutsvoll ins Knie gesunkene Maria am Chorscheidebogen der erwähnten Andräkirche einander raumgreifend gegenübergestellt angebracht. Ihre heutige Präsentation der Alten Galerie vermag in wirkungsvoller Weise diese einstige Lösung wiederzugeben. Hoch emporgereckt schafft die dominante Gestalt des jugendlichen Himmelsboten eine energiegeladene Verbindung zum Oben, somit zur Transzendenz. Maria hingegen nimmt in ihrer staunenden und fast ängstlichen Überraschung und der Abwendung des Blickes Bezug zur Welt des Irdischen, in welcher sie den Erlöser als Mensch und Gottessohn gebären soll. Demut und Ergriffenheit prägen ihren Ausdruck, der trotz der überlebensgroßen Auslegung der Szene nichts an Innerlichkeit verloren hat.

ADMONT UND KEIN ENDE

Die größte und schönste Stiftsbibliothek der Welt

Das 1074 im steirischen Ennstal gegründete Benediktinerstift Admont ist das älteste Männerkloster der Steiermark. Seine religiöse Bedeutung brachte als kostbare Früchte durch mehr als 900 Jahre hindurch unvergängliche Meisterwerke der Kunst hervor und war vom Mittelalter an bis heute auch ein besonderer Hort der Wissenschaften. In der Regula des vom hl. Benedikt als Verhaltenskodex des Ordens formulierten Anweisung wird Ausgeglichenheit im Tun und Lassen der Mönche verlangt. Fast wie ein Befehl klingt es, wenn es heißt Ora et labora et lege „Arbeite und bete und lese". Eine umfangreiche Sammlung von zum Teil einzigartig illuminierten Handschriften bildete bereits zur Zeit der Gründung vor fast tausend Jahren den Grundstock einer Büchersammlung. Ihre kostbare Hülle ist heute die im Spätbarock entstandene admontische Stiftsbibliothek des Baumeisters Gotthard Hayberger von 1774.

Ein durch zwei Geschosse geführter 72 m langer Saal mit einem zentralen Kuppelraum führt über drei Joche, deren Gewölbe mit figurenreichen Allegorien der Wissenschaften und Künste unter der Schirmherrschaft von Religion und Kirche von der Meisterhand des Freskanten Bartolomeo Altomonte geschmückt wurden. Die Macht des Wissens spricht aus den umlaufenden, mit abertausenden Bänden gefüllten weißen, goldgezierten und mit geschnitzten Konsolköpfen geschmückten Wandregalen. Diese sind auch noch durch eine Galerie erschlossen. Der Kuppelraum birgt mit den vier gewaltigen Skulpturen der „Vier letzten Dinge", nämlich Tod, Gericht, Hölle und Himmel, die erhabensten Meisterwerke des Stiftsbildhauers Joseph Thaddäus Stammel, die bereits 1760 entstanden waren.

Wie durch ein Wunder wurde die Bibliothek mit ihrem unschätzbar kostbaren Büchervermächtnis beim verheerenden Stiftsbrand von 1865 durch waghalsige Männer gerettet, die ein Übergreifen des Feuers auf das Dach verhindert hatten. Dem Brand waren die Stiftskirche und nahezu alle anderen Klostergebäude zum Opfer gefallen.

DER SALLEGGER MOAR

Steirische Volksarchitektur im Österreichischen Freilichtmuseum Stübing

Als nach dem Zweiten Weltkrieg und der Zeit des Wiederaufbaus die technische Entwicklung auch die Landwirtschaft erfasste, begann auch die langsame Zerstörung der bäuerlichen Volksarchitektur, die im Laufe von Jahrhunderten zu einem wichtigen Feld der Volkskultur an sich geworden war. Auf die Baumaterialien Holz, Stein, Lehm und Stroh eingeengt und ausgeführt von Handwerkern und Baukundigen hatte sich ein Schatz urtümlicher Bauten als Dokument der gesellschaftlichen Stellung und Gliederung der bäuerlichen Welt und deren Strategien im Überlebenskampf herausgebildet. Denen Leuten, welche bauend tätig waren, stand eigentlich nur die Überlieferung der Form, persönliche Erfahrung und ein beschränktes Inventar an Handwerkzeug wie Beil, Säge, Bohrer und Hammer zur Verfügung. Metalle, Haustein und Ziegel waren teuer, Holz hingegen stand in praktisch unbeschränkter Menge zu Diensten.

1962 wurde in Stübing in einem Waldtal nördlich von Graz, nahe der Mur das Österreichische Freilichtmuseum gegründet. In geradezu idealer Weise bot diese Stelle die zugehörigen Landschaftsformen an, die den allenthalben abgetragenen Bauten für die Wiedererrichtung zuzuordnen waren. Und so ist eine erbauliche mehrstündige Fußwanderung vom Burgenland bis nach Vorarlberg möglich geworden. Die Planung und Verwirklichung dieser Idee ist das Lebenswerk des Volkskundlers Viktor Herbert Pöttler, der noch ein Schüler Viktors von Geramb gewesen war, der als Gründer des Steirischen Volkskundemuseums in Graz die museale Präsentation steirischer Volkskultur seit 1915 auf seine Fahnen schreiben konnte.

Pöttler übertrug bereits 1963 als erstes Gehöft den Bauernhof Sallegger Moar aus Sallegg bei Birkfeld in der Oststeiermark nach Stübing. Das hieß, den Hof nach einem genauen Plan Stück für Stück abzutragen, diese Teile einem Plan einzufügen und nach diesem wiederum Stück für Stück den Zusammenbau zu bewerkstelligen. Seitdem haben mehr als 90 weitere Objekte ihren Weg nach Stübing gefunden. Der Sallegger Moar war bis in die 50er-Jahre des 20. Jahrhunderts bewohnt und ist ohne Veränderungen erhalten geblieben. Bis ins Jahr 1409 gehen die urkundlichen Nennungen dieses untertänigen Hofes zurück. Die heutige Gestalt des typisch ostalpinen Rauchstubenhauses stammt aus dem Jahre 1775. Wie mächtig und raumgreifend auch Volksarchitektur der steirischen Bauern sein kann, zeigte sich beim Materialverbrauch: Für das Decken der Strohdächer wurden nicht weniger als zwölf Tonnen Stroh verbraucht.

DER BRANDHOF

Erzherzog Johann als Bergbauer

Erzherzog Johanns von Österreich Zuneigung zur Steiermark ist vor allem darauf zurückzuführen, dass sein kaiserlicher Bruder Franz seine Aktivitäten und politischen Ambitionen in Tirol beargwöhnte und ihm deshalb den Aufenthalt dortselbst 1809 sogar untersagte. Deshalb wandte sich der 1782 in Florenz geborene Habsburgerprinz der ihm wesensverwandt erscheinenden Grünen Mark, dem Herzogtum Steiermark zu. In der Folge erwarb er sich für deren wirtschaftliche, soziale, kulturelle und wissenschaftliche Weiterentwicklung unvergängliche Verdienste. Dabei hatte er keine Ambitionen, sich politisch zu betätigen oder gar in die Regierung einzumischen.

Er war Rad- und Berggewerke in Vordernberg, Kohlengewerke und Fabrikant in der Weststeiermark, Beförderer des Weinbaus und des Heilbäderwesens in der Untersteiermark, tatkräftiger Unterstützer der Südbahntrasse durch die Steiermark, Stifter des nach ihm benannten Landesmuseums und der Lehranstalt Joanneum. Deshalb ist er auch als Vater der späteren Technischen Universität Graz und der Montanuniversität Leoben, als Gründer des Landesarchivs und der Steiermärkischen Landesbibliothek anzusehen. Schließlich wurde er sogar noch frei gewählter Bürgermeister von Stainz, wo er die Gebäude des dortigen ehemaligen Chorherrenstifts erworben hatte.

Sein in Tirol gewachsener Hang zur alpinen Bergwelt führte ihn nicht nur als Jäger, Mineralogen und Bergsteiger in die Alpen. 1818 kaufte er einen in 1080 Meter Seehöhe gelegenen Bauernhof am nördlichen Abhang des Hochschwabmassivs, den Brandhof, und baute ihn ab 1822 zu einem großen Mustergut für alpine Landwirtschaft aus. Der Hauptbau stellt sich als gelungene Mischung heimischer Volksarchitektur und romantischer neogotischer Bauideen dar. Die kostbare Innenausstattung der Repräsentativräume und der Kapelle wurde durch hervorragende Künstler wie Ludwig Schnorr von Carolsfeld, Matthäus Loder und Anton Kothgasser gewährleistet und zeigt viele Bezüge zur habsburgischen Familiengeschichte. In dem kleinen Sakralraum der Kapelle heiratete er auch nach langem Wartenmüssen in nichtstandesgemäßer Ehe die Ausseer Postmeisterstochter Anna Plochl. Der Brandhof ist noch heute im Besitz seiner Nachkommen.

DIE BADLWANDGALERIE BEI PEGGAU

Ein Baudenkmal der nach Triest führenden Südbahn

Dem vielgepriesenen Erzherzog Johann war es gelungen, den Bau der Trasse der Eisenbahnverbindung von Wien an die Adria, der Südbahn, durch die Steiermark durchzusetzen, die ursprünglich wegen des ebenen unproblematischen Geländes durch Westungarn geplant gewesen war und dies, obwohl der neuen Streckenführung das beträchtliche Hindernis des Semmerings entgegenstand. Dieses Hemmnis erforderte dann bekanntlich den imponierenden und imposantesten Gebirgsbahnbau der frühen Industrieepoche. Durch das Engagement des noch heute im ganzen Land höchste Achtung und Verehrung genießenden „Steirischen Prinzen" war damit die Eisenindustrie der Obersteiermark mit ihren Transportproblemen gerettet. Außerdem war Graz als die Hauptstadt des Herzogtums an das damals modernste Verkehrsmittel angebunden.

Im steirischen Teil der Südbahn war dabei ein weiteres großes Hindernis zu überwinden und zwar die Flussenge der Mur an der Felsformation der Badlwand nördlich von Peggau. Ein Heer von meist aus dem oberitalienischen Raum herbeigeholten Steinmetzen und Arbeitern meißelte und sprengte 1842/43 die mehrere hundert Meter lange Felswand weg und bahnte so dem Verkehr den Weg, der auf engstem Raum die drei Verkehrsmittel Schiff/Floß, Straße und Eisenbahn zusammenband. Trotz alledem konnte wegen des Laufes der Mur und der gegenüberliegenden Bergformation die Enge nur bewältigt werden, indem man ein aus Haustein gefügtes, 400 Meter langes Bauwerk mit 35 Bogenöffnungen errichtete, in dessen Untergeschoss die Bahntrasse und darüber die Straße von Graz nach Bruck a. d. Mur verliefen. Die als frühes Industriedenkmal des Klassizismus gefeierte Badlwandgalerie ist der älteste Bahnkunstbau dieser Art in ganz Österreich. Er wurde erst stillgelegt, als in den 70er-Jahren des 20. Jahrhunderts der Eisenbahntunnel durch den gegenüberliegenden Kugelberg gebohrt worden war. Heute ist die Galerie leider dem Verfall preisgegeben, besticht aber auch noch in diesem Stadium durch die Schönheit und Eleganz ihrer Linienführung.

SCHÖNHEIT DER TECHNIK IM BIEDERMEIER

Ein Eisenschmelzwerk, das einem Schloss gleicht

Schon im Mittelalter war der Erzberg als der „eiserne Brotlaib der Steiermark" durch die „Ebenhöhe" in berg- und hüttenmännischer Hinsicht in einen nördlichen und einen südlichen Einflussbereich geteilt worden. 1453 wurden diese Zonen als Vordernberg und Innerberg, dem späteren Eisenerz, zu eigenständigen Märkten erhoben. Leoben und Steyr an der Enns wurden ihnen als privilegierte Verlagsstätte für das in ihren Schmelzhütten erzeugte Roheisen zugeordnet. Als weiträumige Verbindungslinie für den Transport der Produkte und Versorgungsgüter entstand die Eisenstraße, die mit ihren Nebenstraßen die Gebiete der steirischen, ober- und niederösterreichischen „Eisenwurzen" mit ihren zahllosen Hammerwerken als bestens organisierter Kommunikationsweg durchmaß.

Vordernberg hatte bis ins 19. Jahrhundert 14 Radwerke, also Schmelzhütten, die nach ihren gewaltigen Wasserrädern benannt waren, mit deren Hilfe die Blasebälge, welche die für den Ofenprozess notwendige Frischluft als mächtigen Wind in der Glut der Stuck- und später Hochöfen schnoben, angetrieben wurden. Diese verbrauchten zur Gewinnung des flüssigen Roheisens Unmengen an Holzkohle, welche die steirischen Wälder auf genau geregelte Weise zu liefern hatten.

Unter die Radgewerken zählt im 19. Jahrhundert auch Erzherzog Johann, der die Radwerke III und V sein Eigen nannte. Während die Öfen und die damit verbundenen Gebäude zur Lagerung von Erz und Kohle ursprünglich sehr einfach gebaut waren, wurden sie nach 1800 in repräsentativen Formen errichtet und architektonisch den palaisartigen Gewerken- und Verweserhäusern angeglichen, von welchen sich in Vordernberg noch etliche bis heute erhalten haben. Nach der Modernisierung und schließlichen Verlagerung des Eisenhüttenwesens nach 1881 in den Raum Leoben, besonders nach Donawitz, wurden die Vordernberger Radwerke eines nach dem anderen aufgelassen. Deren kulturgeschichtlichen und ästhetischen Wert hatte man bei technischen Denkmalen damals noch kaum erkannt, die Bauten verfielen und so wurde ein Werk nach dem anderen abgerissen. Das Radwerk IV wurde 1906 niedergeblasen, sein Hauptgebäude von 1846 mit seiner klassizistischen Fassade, die der hl. Florian als Patron der Hüttenleute ziert, jedoch vor der Zerstörung bewahrt und zu einem Museum umgestaltet, in dem heute von einem verdienstvoll wirkenden Verein von Freunden der historischen Technik der einstige Prozess der Roheisenerzeugung eindrucksvoll verständlich gemacht wird.

IGNAZ VON RAFFALT UND DAS REVOLUTIONSJAHR 1848

Ein Schützenfest in Murau

Das Schicksal und die Lebensumstände zwingen Menschen oft in ungewollte Berufe und andere Positionen. Dies konfliktfrei zu bewältigen, ist nur wenigen gegönnt. Beim obersteirischen Künstler Ignaz Raffalt, der zeitweise Maler und Gastwirt gewesen war, scheint dies der Fall gewesen zu sein. Er wurde im Jahre 1800 in Weißkirchen in der Steiermark geboren, fühlte sich zum Maler berufen, musste dann aber die Gastwirtschaft seines Vaters, nämlich das Gasthaus zur Krone in Murau am heutigen Raffaltplatz 6, übernehmen. In dieser Zeit waren die Sujets seiner Bilder vor allem Szenen aus dem Leben der heimischen Bevölkerung, Episoden aus dem Wirtshaus oder Genrebilder zu Fest und Feier.

Raffalt hatte in Graz und Wien studiert und seit 1840 die Akademie der Bildenden Künste besucht. Hier war er zum Freundeskreis Gauermanns gestoßen und war bereits ein überregional bekannter und geschätzter Künstler, als 1848 eines seiner bekanntesten Gemälde entstand: „Ein Schützenfest in Murau", das wegen der genauen Datierung des Bildes im Kontext des dargestellten Geschehens stattgefunden zu haben scheint. Schützenfeste waren seit dem Mittelalter Manifestationen bürgerlichen Selbstbewusstseins, zugleich Sport und übermütige Unterhaltung. Ebenso waren sie Hinweis auf die Wehrfähigkeit des Standes und im Revolutionsjahr 1848 sicherlich auch mit der politischen Zielsetzung verbunden, dass man in chaotischen Zeitläuften durchaus mit der Waffe umzugehen wusste und das Recht in Anspruch nahm, sich als Bürger gemeinschaftlich zu bewaffnen. Die bürgerliche Schießstatt von Murau befand sich damals auf dem Gelände der heutigen Brauerei unweit der Mur.

Das „Schützenfest" ist Raffalts bedeutendstes Gemälde und ein Prunkstück der Sammlung zur Malerei des 19. Jahrhunderts der Neuen Galerie am Universalmuseum Joanneum in Graz. Es erzählt in zahlreichen Einzelszenen von den Leuten, von der Kleidung, der Gastlichkeit und von der Feststimmung. Darüber hinaus beweist es die Fähigkeit des Künstlers, in Komposition und Kolorit Anschluss an die großen Tendenzen der Malerei am Ende des Biedermeiers und des Vormärz gefunden zu haben. Vor uns entsteht eine Momentaufnahme des Geschehens. Links feiert man in eher gemütlicher Tischrunde, während rechts ausgeschenkt und eifrig diskutiert wird. Es fällt auf, dass die Schützen, die immerhin bereits seit 1668 als Korps organisiert waren, noch keine Uniform tragen, wie wir sie bei der heutigen schmucken Murauer Schützengarde kennen. Leichte Ironie schwingt bei der Gestalt des beleibten Bürgers im Vordergrund mit, der über seinen zivilen Bauch einen mächtigen Schleppsäbel geschnallt trägt.

MEISTERWERKE DER NATUR UND DES GEISTES

Die Karstquelle Andritzursprung und der „Schreibknecht Gottes" Jakob Lorber

Am Fuße des Schöckls, des Hausberges der Grazer, entspringt in der Gemeinde Stattegg eine geheimnisvolle Karstquelle, deren blaugrüne Unergründlichkeit und deren klarkaltes Wasser aus der Tiefe des sagenumwobenen Berges zum Verweilen und Meditieren inmitten der Stille der Natur einladen. Noch nach mehr als 150 Jahren nach seinem Tod wird hier mit einem schöpfungsnahen Garten des steirischen Mystikers Jakob Lorber gedacht. In seinen Visionen hatte dieser, ein Grazer Musiker und Theosoph, wie er bekennt, persönliche Begegnungen mit Gott, die er in umfangreichen, mit eigener Hand, wie unter einem himmlischen Diktat, geschriebenen Büchern schilderte. 1800 war Lorber in Kanischa im heutigen Slowenien zur Welt gekommen und 1864 in Graz gestorben, wo sein Grab auf dem St. Leonhard-Friedhof eines der ältesten noch heute bestehenden ist. Er bezeichnete sich selbst als „Schreibknecht Gottes", der ihn, wie er meinte, für eine „Neuoffenbarung" ausersehen hatte. Sein umfangreichstes Werk ist das fünfbändige „Große Evangelium Johannis". Schon zu seinen Lebzeiten hatte sich der bekannte schwäbische Dichter Justinus Kerner für die Drucklegung seiner Schriften eingesetzt. Da sich diese aber am Rande des Okkultismus bewegen, stand Lorber im Widerspruch zur dogmatischen katholischen Kirche, sodass er in den starren Geleisen einen Abstieg mitmachen musste, der ihn schließlich in Armut sterben ließ. Eine Gedenktafel an seinem Wohnhaus im Grazer Kälbernen Viertel unweit des Hauptplatzes erinnert an seine Lebenssphäre ebenso wie eine nach ihm benannte Gasse im vorstädtischen Gries-Viertel. Die 1921 in Deutschland gegründete Jakob Lorber-Gesellschaft besorgte bis in unsere Tage die Verbreitung seiner Werke. Und der Meditationsgarten am Andritzursprung ermöglicht es, dass sich der innere Ruhe Suchende dieser geheimnisvollen Persönlichkeit der steirischen Mystik inmitten der Stille der Natur hingeben und geistig nähern kann.

DER ERZHERZOG-JOHANN-BRUNNEN IN GRAZ

Ein symbolträchtiges Monument

Eigentlich ist das Grazer Erzherzog-Johann-Monument ein Denkmalbrunnen. Er wurde ursprünglich für den Platz am Eisernen Tor konzipiert, fand aber seinen endgültigen Standort 1878 auf dem Hauptplatz. Es handelt sich dabei um ein Denkmal, dessen Kernstück die im zivilen Gewand auftretende Gestalt des „Steirischen Prinzen" Erzherzog Johann (1782-1859) ist. Stadt und Land wollten ihm 19 Jahre nach seinem Tod für die grundlegenden, von ihm für das Gemeinwohl der Steiermark geplanten und auch ausgeführten Projekte Dank abstatten, die von der Förderung der Landwirtschaft, des Weinbaus und des Jagdwesens bis zu Landesmuseum, Landesarchiv und -bibliothek bis hin zu Technischer Universität und Montanuniversität Leoben und Brandschadenversicherung führen. Nicht zu vergessen ist auch die Durchsetzung der Trassenführung der Südbahn durch die Steiermark, wodurch Graz an das internationale Verkehrswesen angebunden worden war.

Gleichzeitig ist der Brunnen aber auch ein Symbol für den Charakter und die Einheit des Landes, wie das 19. Jahrhundert sie noch sehen konnte. Umgeben ist die Skulptur des Erzherzogs von den Allegorien der damaligen Hauptflüsse des Landes Mur, Drau, Sann und Enns und ihrer Nebenflüsse. Die bronzenen Eckfiguren des Sockels symbolisieren vier seiner wichtigsten Anliegen: Wissenschaft, Landwirtschaft, Bergbau und den Bau der Semmeringbahn. Der Bildhauer und Gießer Franz Pönninger schuf dieses wahre Meisterwerk historistischen Fürstenpreises, dessen allegorische Bronzereliefs noch weitere Hinweise auf die wirtschaftlichen Potenzen des Landes geben, unter denen auch noch das Heilbäderwesen hervorsticht.

„JAKOB DER LETZTE“

Peter Rosegger als Kritiker des Bauernsterbens während der industriellen Revolution

Peter Rosegger (1843-1918) ist nicht nur der im ganzen deutschen Sprachraum bekannte und geliebte Schilderer seines eigenen Lebens als der „Waldbauernbub“. Seine zahlreichen humorvollen, aber auch ernsten Erzählungen mit der Charakterisierung bäuerlicher Menschen treffen nur auf einen Teil seines umfangreichen dichterischen Schaffens zu. Er war als Gründer und Herausgeber der Zeitschrift „Heimgarten“ nämlich auch ein scharfer Kritiker der damaligen Gesellschaft und öffnete dieses periodisch erscheinende Organ einer breiten Diskussion über notwendig erscheinende Veränderungen, die vom Tierschutz und Vegetarismus, vom Gesundheits- und Schulwesen bis zu dem führten, was wir heute als Lebensreform bezeichnen würden.

In besonderer Weise wandte er sich unter anderem dem Problem der Landflucht zu, dem „Bauernlegen“ durch neureiche Industrielle und der Verelendung der in die Stadt gezogenen Menschen, die von Bauern zu Proletariern wurden und die politisch recht- und machtlose Schar der Fabrikarbeiter der industriellen Revolution bildeten. Unter Roseggers großen literarischen Werken sticht in diesem Sinne besonders sein 1889 erschienener Roman „Jakob der Letzte“ hervor. Das Schicksal des Bergbauerns Jakob Steinreutter im fiktiven Altenmoos vollzieht sich in einer Zeit, als sich die alte bäuerliche Ordnung auflöst, einer nach dem anderen zum Aufgeben seines Hofes gezwungen wird und er als Protagonist des Werkes vermeint, sich dem unerbittlichen Sterben einer altüberlieferten Welt entgegenstellen zu können. Verfilmungen des Stoffes bis in unsere Zeit herauf betonen bis heute seine Brisanz.

DAS GRAZER RATHAUS

Ein Hauptwerk des Historismus in der Steiermark

Schon im Mittelalter waren Verwaltung und Gerichtsbarkeit der Städte in einem zentral gelegenen Haus konzentriert, dem Rathaus. In diesem amtierten Richter und Rat, zu denen später noch ein Bürgermeister hinzukam. Ein solches Rathaus war darüber hinaus Sinnbild der bürgerlichen Freiheiten, war der Bürger doch nicht mehr Untertan eines Grundherrn, sondern als Mitglied der Bürgerschaft nur über diesen Rechtskörper dem Stadtherrn, in der Steiermark also meist dem Landesfürsten verantwortlich. Ein Motto lautete *„Stadtluft macht frei“*. Rathäuser boten ebenso die Möglichkeit, durch bauliche und zierende Symbolik auf die Rechte, aber auch auf die Pflichten jedes Einzelnen hinzuweisen.

Die Landeshauptstadt Graz kann auf mehrere historische auf einander folgende Rathäuser verweisen, die sich schon zuvor an der Stelle des jetzigen Baues auf dem Hauptplatz erhoben hatten. Durch Urkunden gestützt, weiß man von einem 1550 errichteten Renaissancebau, dem 1805 bis 1807 ein klassizistischer folgte. 1887 bis 1893 wurde das heutige Rathaus nach Entwürfen und Plänen von Alexander Wielemann und Theodor Reuter erbaut, wobei einige Teile des Vorgängerbaues in die Baumasse integriert wurden. Diese erstreckt sich von der Landhausgasse und dem Hauptplatz bis in die Schmiedgasse und bildet einen ganzen Häuserblock der Grazer Altstadt. Der Bau ist einem späten Historismus verpflichtet, seine Fassade zum

Hauptplatz hin könnte man als eine Mischung aus Renaissance- und pseudogotischen Elementen als „altdeutsch" bezeichnen, was damals durchaus den politischen Gefühlen des Grazer nationalliberalen Großbürgertums entsprach. Die lange Zeit leeren Nischen trugen bis in die 60er-Jahre Plastiken mit der Darstellung von mit Graz besonders verbundenen Persönlichkeiten. Mutwillig hatte man diese vorauseilend entfernt. Damals lebte man in der Zeit eines zerstörerischen Modernismus, schätzte den Historismus noch nicht als eine schätzenswerte Kunstepoche und war knapp daran, das alte Rathaus abzureißen und durch ein neueres „moderneres" zu ersetzen. Selbst sonst qualitätvoll bauende und verantwortlich denkende Architekten drängten sich damals bei den Stadtgewaltigen um einen solchen begehrten Auftrag. Dazu kam es aber glücklicherweise nicht, da die denkenden Bürger gegen diese Pläne heftig Stellung bezogen und den Unsinn auch verhindern konnten.

„DA LEG' ICH MEINEN HOBEL HIN…"

Tischlermeister Anton Irschick und sein Grabmonument

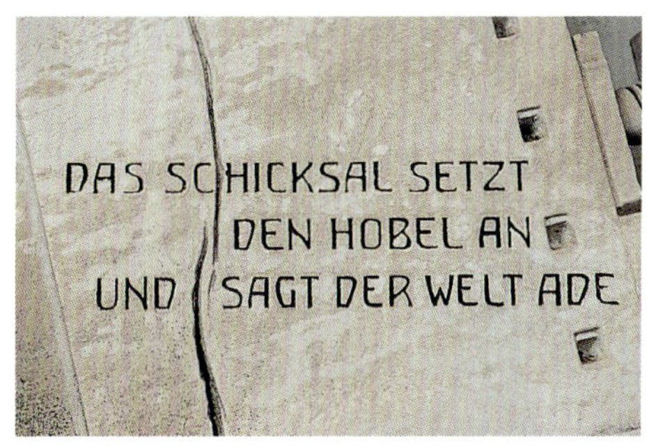

Der Grazer Hoftischlermeister Anton Irschick starb 1909 als ein Virtuose in seinem Fach, wie noch einige seiner in der Landeshauptstadt erhalten gebliebenen kunstreichen Ensembles beweisen. Dazu gehören etwa das prachtvolle Geschäftsportal, das in der Hofgasse die dermalige Hofbäckerei Edegger & Tax ziert, weiters die Adler-Apotheke und als umfangreichste Leistung der große Lesesaal der Grazer Universitätsbibliothek. Der versierte Handwerker war in diesen seinen Werken noch ganz dem zeitgenössischen Dekorations- und Interieurstil verankert. Sein vom Blickwinkel des Steinmetzen her perfekt gelungenes Grabmal auf dem Grazer Zentralfriedhof weist jedoch schon darüber hinaus, hat auch Anleihen beim späten Jugendstil genommen. Im Ganzen gesehen ist es jedoch in seiner skurrilen Vereinigung naturalistischer Elemente ein höchst eigenwilliges, ja einzigartiges Denkmal bürgerlicher Repräsentation vor dem Ersten Weltkrieg geworden.

Das monumentale Grabmal aus Carraramarmor wirkt wie ein leicht perspektivisch verzerrter Guckkasten. Man tut einen Blick in eine biedere Tischlerwerkstatt, die sich in ihrer vorgeblichen Gemütlichkeit sicherlich von dem handwerklichen Großbetrieb Meister Irschicks unterscheidet. Im Hintergrund ist auf Borden en relief die Vielfalt von Tischlerwerkzeugen vom Hobel bis zur Leimzwinge in realistischer Perfektion zu sehen. Eine Pendeluhr, die stehen geblieben ist, weist auf die letzte Stunde menschlichen Lebens und seine messbare Kürze hin. Der Tod selbst wird auch noch auf eine viel drastischere Weise symbolisiert. Eine trauernde Frauengestalt in faltenreichem Gewand hat nämlich eine zerbrochene Hobelbank emporgewuchtet, in die das Reliefporträt des Verstorbenen eingehauen ist. Den Höhepunkt bildet aber ein literarisches Zitat, das in komisch zu nennender Verkürzung das Hobellied des biederen Tischlers Valentin aus Ferdinand Raimunds „Verschwender" mit dem Ende des Hoftischlermeisters in Verbindung setzt: *Das Schicksal setzt den Hobel an und sagt der Welt Ade.* Wie meint doch Werner Bergengruen? „Jeder Tod hat sein Gelächter". Leise können wohl auch wir hier bei diesem handwerklichen Meisterwerk mit einstimmen.

DIE PRACHT DER WIENER SECESSION IN EINEM GRAZER HOTEL

Leopold Forstners Mosaik „Die Geburt der Venus“

In Graz erhebt sich knapp südlich der Hauptbrücke über die Mur am rechten Flussufer das heutige Hotel Wiesler, das 1895/96 von Anton Wiesler als Hotel Goldener Engel errichtet worden war. 1907 fand ein Erweiterungsbau statt, der von dem Otto Wagner-Schüler Marcell Kammerer zu einer Zeit geplant worden war, in der sich Formen und Inhalte der neuen Weltschau der Wiener Secession gegenüber dem Münchner Jugendstil emanzipierte und auch in der „Provinz“ fruchtbringend ausbreitete. Kostbare Materialien und bildnerische Techniken wurden für ein elitäres Publikum verwendet, welches das Nobelhotel mit dem schönen Blick auf die Altstadt frequentierte.

So schuf im damaligen Speisesaal der Meister der Mosaikkunst und Gründer der Wiener Mosaikwerkstätte Leopold Forstner (1878-1936) für die Stirnwand des großen Saales ein prachtvolles Mosaik im reinsten Secessionsstil, das die Geburt der antiken Liebesgöttin Venus in ihrer ganzen Schönheit zeigt. Von einem Blütenkranz umwunden entsteigt die Göttin nackt wie in Botticellis famosem Gemälde einer Muschel. Zwei in strenges Ornament gekleidete Frauengestalten halten für sie ein reich und doch streng gemustertes Tuch bereit, das den dekorativen Hintergrund des Geschehens bildet. Selbst der Aufbau des Bildes nach dem Goldenen Schnitt lässt sich ausmachen. Goldgelb und Dunkelblau als Komplementärfarben dominieren. Feinteiliges Glassteinchenmosaik setzt sich zu dem Bild zusammen, dessen Schöpfer dem Kreis um Kolo Moser und Gustav Klimt angehörte.

Forstner war u. a. auch an der dekorativen Ausstattung des Palais Stoclet in Brüssel, der Wagner-Kirche am Steinhof und der Lueger-Kirche auf dem Wiener Zentralfriedhof beteiligt. Als sich in der Zwischenkriegszeit der Geschmack zu Ungunsten der neuen Tendenzen um 1900 geändert hatte und dem Art Déco wich, wurde das Prachtmosaik bei Wiesler hinter einer vorgeblendeten Wand verborgen und so dem Blick entzogen. Erst 1981, als sich die Wertschätzung der Kunst des Fin de siècle längst wieder gefestigt hatte, wurde das Werk „wiederentdeckt“. Es bildet seither eine der großen Sehenswürdigkeiten der Vorstadt Gries am rechten Murufer.

KARL MARX HÄLT EINE PREDIGT

Die Fresken der Wallfahrtskirche St. Veit am Vogau

Die doppeltürmige spätbarocke Wallfahrts- und Pfarrkirche St. Veit am Vogau in der Murebene östlich von Ehrenhausen stellt eine weithin sichtbare Landmarke dar. Der Bau war 1748 begonnen worden. Als ihn der Grazer Architekt und Stadtbaumeister Joseph Hueber erst zwanzig Jahre später fertigstellte, war die Dynamik des Barockstils bereits gebrochen. Zwar wurde durch den Bildhauer Veit Königer noch eine qualitätvolle plastische, dem Klassizismus verpflichtete Innenausstattung geschaffen. Die großen Deckenflächen blieben aber schon ungestaltet, weder Stuck noch Malereien wurden ausgeführt. Sie wurden erst 1921 von dem in der Steiermark vielfältig als Restaurator tätigen Maler Felix Barazutti im neobarocken Stil mit Fresken ausgemalt. Weniger die malerische Qualität und der rückwärts gewandte Stil als vielmehr die zeit- und lokalgeschichtlichen Bezüge vermögen heute unser Interesse zu erwecken.

Besonders die im Mittelpunkt stehende Szenen um den von Engeln umflatterten Christus, die Eucharistie und Papst Pius X. führt mitten in die zeitgenössische Kirchenpolitik. Letzterer hält ein von ihm erlassenes Dekret über das Altarsakrament in Händen. Das ermöglicht einen Blick von Barazuttis Sicht der Veränderungen der alten Ordnung in Europa, von der sich die katholische Kirche damals in den ersten Jahren der jungen Republik Österreich bedroht sah. Im linken Vordergrund ziehen zwei revoltierende Arbeiter mit der phrygischen roten Mütze der Französischen Revolution einem Fürsten den Hermelinmantel von den Schultern. Damit ist wohl der letzte Kaiser Karl I. von Österreich gemeint, dessen nicht mehr existierende Staatsmacht als ein zerbrochenes Schwert am Boden liegt. Die Gruppe rechts vorne stellt wahrscheinlich Kaiserin Zita mit ihren Kindern, darunter den blondgelockten Thronfolger Erzherzog Otto, dar, der niemandem mehr auf den Thron folgen sollte. Über dieser Szene sinnieren Priester und Gelehrte über die päpstliche Enzyklika Rerum Novarum, mit der die Kirche ihrerseits auf die Sozialvorstellungen der Sozialdemokratie reagierte. Im Hintergrund agitiert als Redner mit weitausholender Geste Karl Marx. Unbehelligt von all dem kniet eine christliche Familie und erwartet betend den Empfang der Kommunion. Auch die Stände erscheinen als Bauer, Arbeiter und Bürger. Hier hat der Maler wohl Mitglieder der lokalen Prominenz porträtiert.

„MANHATTAN" IN GRAZ

Das Stadtwerke-Hochhaus – repräsentative Moderne von 1930

Die Moderne hat auf dem Gebiet der Architektur in Graz erst relativ spät Einzug gehalten. Zu stark waren die Auswirkungen von Historismus und Secessionsstil gewesen, und nur zögernd kam die neue Zeit in Gestalt repräsentativer monumentaler Bauten auch hieher. In der Hans-Resel-Gasse des vorstädtischen Lend-Viertels entstand z. B. 1928/30 das Hotel International mit der Kammer für Arbeiter und Angestellte mit ihrem Großen Kammersaal. Im Bereich der Innenstadt erregte es die Gemüter, als an der Stelle der ehemaligen längst profanierten Karmelitinnenkirche das Verwaltungsgebäude der Grazer Stadtwerke emporwuchs.

Heute nimmt dieses einen prominenten Platz in der Geschichte der heimischen Architektur ein. Mit seinen dreizehn Geschossen erreicht das auch städtebaulich bemerkenswerte Gebäude an der Ecke Neutorgasse / Andreas Hofer-Platz eine ungewöhnliche Höhe und erinnert mit der Gliederung seiner geknickten Fassade an die additiven Wolkenkratzer in den USA. Der damals erst 26jährige Architekt Rambald von Steinbüchel-Rheinwall landete diesen Geniestreich 1930/35. Die Grazer Innenstadt bekam zum ersten Mal internationales bauliches Flair zu spüren. Eine Zeitungskampagne gegen dieses Symbol des Fortschritts heizte die Stimmung für und wider zusätzlich auf und die Presseberichte erzählen davon, wie damals Scharen von Schaulustigen an der Baustelle warteten, ob die emporstrebende Konstruktion nicht bald in sich zusammenbrechen würde. Aber nichts dergleichen geschah und noch heute besitzt das getreppte Haus etwas vom Charme jener Zeit, als im fernen Manhattan die große Ära der Hochhäuser angebrochen war. Zu vermissen ist in unserem Bauwerk allerdings der Pater-Noster-Aufzug, der die vielen Geschossebenen miteinander verbunden hatte und den der Verfasser in seiner Jugend oft spaßhalber benutzt hatte.

VOM EROS DES BUCHES

Alfred von Wickenburgs Stillleben ohne lebendiges Wesen

Das lange Leben Alfreds von Wickenburg (1885-1978) hat den bedeutenden Grazer Expressionisten durch viele Stilwandel geführt. Es war ein weiter Weg bis zu seinem Spätwerk, das hierzulande auch einen letzten Höhepunkt mit seinen Glasfenstern zur Apokalypse des Johannes in Schloss Seggau erreichte. Aus dem Jahre 1937 verwahrt die Neue Galerie am Universalmuseum Joanneum eines seiner Meisterwerk des Sujets „Stillleben", eines das allein Bücher zeigt, aus diesen aber eine bewegte Szenerie baut. Der Blick aufs Ganze zeigt sogleich des Künstlers Eigenart im Kolorit seiner pastellgetönten Farben, deren bildschaffende Flächen zarte schwarze Konturen umrahmen. Wickenburg hat anscheinend einen Bibliophilen, vielleicht auch Gelehrten im Chaos seiner Passion belauscht. Scheinbar achtlos durcheinander geworfen, präsentieren sich vor einem zart getönten monochromen Hintergrund Druckwerke verschiedenster Typen. Aufgeschlagen blickt einen ein Tafelwerk in Folio mit Kupferstichen an. Ein japanisches Faltbuch lässt die Intimität eines Farbholzschnittes erahnen. Ein barocker Oktavband in Lederbindung ist samt einem Supralibros zu sehen, während ein anderer den Maler wegen seines edlen Vorsatzpapiers in Handmarmor begeistert zu haben scheint.

Man stellt fest, dass die dargestellten Bücher zudem in den verschiedensten Phasen des Aufgeblättertseins festgehalten wurden. *Natura morte* heißt ein Stillleben im Italienischen – tote Natur. Obwohl Wickenburgs Bild kein lebendes Wesen zeigt, ist es doch voller Leben und Anmut und berichtet vom Eros des Buches, der sich wie ein Kunstwerk nur demjenigen erschließt, der sich aus ihnen eine Welt baut.

KIRCHENBAU AN DER WENDE ZU NEUEN SAKRALEN AUSDRUCKSFORMEN

Die Pfarrkirche St. Josef in Leoben-Donawitz

Leoben im oberen Murtal ist eine an Türmen reiche Stadt, und wenn man von Osten her nach Westen blickt, so stehen die Kirchtürme der Jakobkirche, der Redemptoristenkirche zum hl. Alfons, der Kirche Maria am Waasen und der Donawitzer Pfarrkirche St. Josef sogar in einer Reihe hintereinander. Letztere ist sozusagen ein Vorbote der Kirchenneubauten in Leoben-Hinterberg und am Lerchenfeld, also der Neusiedelgebiete der 1939 zu Groß-Leoben gewordenen zweitgrößten Stadt der Steiermark. Damals waren dieser die vorher selbstständigen Gemeinden Donawitz und Göss, Donawitz sogar als Stadt zugewachsen.

Donawitz war seit dem 19. Jahrhundert´, besonders seit der Schaffung der Österreichisch-Alpinen Montangesellschaft zu einem Zentrum der Eisen- und Stahlproduktion geworden, der damals größten und mächtigsten der gesamten Österreichisch-ungarischen Monarchie. Trotz der hier gedrängt wohnenden und arbeitenden Arbeiterschaft war es dabei nie zur Gründung einer Kirche oder Pfarre gekommen, sei es wegen der relativen Nähe zur Stadt Leoben, sei es wegen der antiklerikalen Agitation der ihre Positionen festigenden Sozialdemokratie.

Erst die Zeit nach dem Zweiten Weltkrieg schuf hier Abhilfe, als die katholische Kirche ihr Verhältnis zur Arbeiterschaft neu zu überdenken begann. Damals entstand in den Jahren 1949 bis 1954 nach Plänen von Karl Lebwohl und Kurt Weber-Mzell unweit des Hochofenwerkes die Pfarrkirche St. Josef des Arbeiters. Diese weiß in der modernen Baugesinnung, Technik und in den verwendeten Materialien mit städtebaulichem Wert, optischer Prägnanz und ästhetische Raumfülle zu vereinen. Architekturgeschichtlich gesehen steht sie in der Steiermark an der zeitlichen Schwelle, welche die überlieferte sakrale Ordnung eines Gotteshauses von den nun in immer größerer Zahl erstehenden modernen bis modernistischen Bauten noch vor dem Zweiten Vatikanischen Konzil trennt.

Von außen imponiert die Kirche durch einen mächtigen Fassadenturm, der wie ein altes Westwerk wirkt. Im Inneren ist das Langhaus durch sechs riesige halbelliptische Stahlbogenbinder gegliedert und bietet dadurch einen Raumeindruck wie eine gotische Halle. Diese Stahlelemente bilden auch Wanddienste und Gewölberippen. Franz Roglers, des Surrealisten, die Sieben Sakramente darstellende Malereien zieren die Deckenspiegel, Ernst von Dombrowskis gemalter Kreuzweg die Langhauswände. Der Chor ist um zwölf Stufen erhöht und führt zu einem sehr suggestiv wirkenden schwebenden Gekreuzigten. Josef Hingers Volksaltar von 1981 ergänzt einfühlsam die sparsame Einrichtung des für sich so weihevollen Gotteshauses.

FRANZ GSELLMANNS WELTMASCHINE

Private Mythologien eines oststeirischen Bauern

Als die Brüsseler Weltausstellung 1958 ihre Pforten geschlossen hatte, machte sich der oststeirische Landwirt Franz Gsellmann (1910-1981) aus Edelsbach bei Feldbach auf den Weg dorthin, um dort die technischen Wunder zu betrachten. Er war ja an allem Fortschritt und besonders an mechanischen Dingen interessiert, die damals auch schon die Landwirtschaft veränderten. Besonders beeindruckte ihn das gigantische Atommodell, das Atomium, oder wie Gsellmann es nannte: *Atominium*.

Wieder heimgekehrt begann der grüblerisch veranlagte Bauer die Arbeit an einer „Weltmaschine“, von der er zwar noch nicht wusste, welche Gestalt sie letztendlich annehmen und was ihr Sinn und Zweck sein würde. Und so entstand langsam ein persönliches technisches Universum, dessen Einzelteile und mechanische wie schmückende Elemente der Schöpfer, der sich als Erfinder betrachtete, von Flohmärkten, aus Müll und Industrieschrott zusammenholte. Er ließ solche Teile auch von Dorfschmieden und Automechanikern nach Plan und Maß anfertigen. Selten ausgesprochen, aber stets präsent hatte sich in Gsellmann die Idee verfestigt, dass seine Maschine ein Eigenleben entwickeln und schließlich ohne sein Zutun „etwas produzieren“ würde. Auch seine Familie hatte sich allmählich seiner Gedankenwelt genähert und ließ ihn gewähren, nachdem er sein Vorhaben jahrelang auch vor ihr verborgen gehalten hatte. In einem kleinen Raum des bäuerlichen Anwesens, der heute längst vergrößert wurde und nun auch mehr Besucher fassen kann als zu Lebzeiten des Schöpfers, entstand im Laufe von 23 Jahren das wunderliche Werk, das ein Besucher einmal spontan als „Weltmaschine“ bezeichnet hatte. Dieser Name verblieb schließlich diesem reinen, zweckfreien Kunstwerk.

Unzählige Räder, Wellen, Lampen und bunte Lichter kreisen von E-Motoren angetrieben, rasseln und klingeln. Ein gläserner Christus erscheint, und neben anderen religiösen Symbolen drehen sich Gläser, Lampenschirme und Ziergegenstände, Kitschiges und Erhabenes in einem raumfüllenden geordneten Chaos von Bewegung, Farbe und Geräusch. Immer mehr Besucher suchten oft von weit her kommend das skurrile Werk. Als Gsellmann 1981 verstarb, hatten seine Nachkommen schon begonnen, die Besucher mit sehr authentischen Informationen über die Weltmaschine zu begeistern. Sie führen damit sehr verantwortungsvoll die Ideenwelten ihres Vaters und Großvaters weiter.

Und Franz Gsellmann lässt uns auch durch in Blech geprägte Devisen an seiner phantastischen, naiven und durch Theorien unverbildeten Gedankenwelt teilhaben, wenn er sich mit seinem Kunstwerk dem Metaphysischen nähert: MIT MIEH UND BLARG HARB ICH GEBAUT FÜR DAS SO KURZE LEBEN. GOT WIRT MICH IN DER ANTERN WELT EINE SCHÖNERE ARBEIT GEBEN.

ALFRED VON WICKENBURGS SEGGAUER APOKALYPSE

Glaskunst der Moderne

Der vielbeschäftigte Maler Alfred von Wickenburg, ein steirischer Meister des Spätexpressionismus, schuf 1959 für die 1961 geweihte Kapelle des bischöflichen Bildungshauses Seggauberg bei Leibnitz drei in Betonglastechnik gehaltene Fenster, welche Elemente der Geheimen Offenbarung des Johannes in sich schließen. In der Glaswerkstätte des oberösterreichischen Zisterzienserstiftes Schlierbach entstanden damals als Neuerung gegenüber der Tradition der Bildfenster in der üblichen Kathedralglastechnik Werke, die derbe, in sich gefärbte Glasbrocken mosaikartig in stabilen Beton einbetten und fest mit der Mauer des Baues verbinden.

Im Zuge von Umbauten des Bildungshauses wurde die „alte" neue Kapelle von 1961 in den Brennertrakt der alten bischöflichen Burg verlegt und erneut in die für den Lichteinfall notwendige Südrichtung gedreht. Aus dem Mittelpunkt heraus richtet der königlich gekrönte Christus der Apokalypse seinen Blick auf uns. Aus seinem Mund dringt ein Schwert. Das Tier der Endzeit dieser geheimnisvollsten Prophezeiung des Neuen Testaments erscheint mit Sonne und Mond, während das Lamm die Erlösung der Menschheit verspricht. Wickenburgs Schöpfung steht in seinem Gesamtwerk einsam da. Mächtig erglüht das kostbare Rubinglas, das aber auch das sanfte Grün und andere mildere Töne neben sich duldet und den in ihrer Stilisierung grandiosen Bildern einer aufgeregten Künstlerseele Tiefe und Harmonie gibt.

DAS STEIRISCHE HAUPTWERK DER SAKRALEN MODERNE

Herbert Boeckls Fresken zur Geheimen Offenbarung des Johannes in Seckau

Das ehemalige obersteirische Augustiner-Chorherrenstift Seckau war einst Domstift und bis zu den josephinischen Reformen Mittelpunkt des steirischen Bistums. 1782 aufgehoben, wurde es erst 1883 durch Beuroner Benediktiner aus Deutschland wieder besiedelt. Die Basilika Mariä Himmelfahrt birgt über die romanische und gotische Architektur hinaus eine großartige Reihe von Kunstwerken, die ein harmonisches Ganzes bilden, aus dem Herbert Boeckls Wandmalereien in der Engelkapelle die Gedankenwelt und Formensprache des späten 20. Jahrhunderts schlechthin in den Mittelpunkt des Interesses rücken.

Sie zählten nach ihrer Entstehung zu den am meisten und heftigst diskutierten sakralen Kunstwerken des Landes. Heute sind sie klassisches Erbe. 1952 bis 1960 malte der Kärntner Künstler an diesen aufwühlenden Bildern aus dem geheimnisvollsten und bestürzende Visionen ausbreitenden Buch des Neuen Testamts der Bibel. Dieses berichtet vor allem über die Bedrohung des Menschen durch die bösen Mächte, das Ende des Heilsweges und die verheißene Erlösung durch Christus. Dieser kommt zwar als Richter, öffnet aber durch seine Passion und die rettende Gestalt der Gottesmutter Maria den Glaubenden den Weg zum Ewigen Leben. Auf Wunsch des Seckauer Abtes sollte Boeckl eigentlich nur das Lamm der Apokalypse malen. Daraus wurde aber in einem vieljährigen Ringen mit der Vorgabe eine einzigartige Welt des Schreckens, aber auch des Trostes, in welcher der leidende Christus und seine fürbittende Mutter stehen.

RIESENOHREN LAUSCHEN INS WELTALL

Die Graßnitzer Erdfunkstation des Gustav Peichl

Als Gustav Peichl (1928-2019), der Wiener Architekt 1976/79 eine Empfangsstation für Satellitensignale in Graßnitz bei Aflenz plante, hatte noch kein damaliger Zeitgenosse eine eigene „Schüssel" auf Dach und Balkon, um sich seine Fernsehprogramme selber hereinzuholen. Es gab bis 1993 auch noch kein richtiges Internet. Auch als das Bauwerk mit seinen Riesenspiegeln 1980 seine Vollendung fand, war man noch nicht so weit und man staunte die weißen Ungetüme an, die sich da plötzlich inmitten grüner obersteirischer Wiesen zwischen Weidevieh emporreckten. Aus den Weiten des Alls empfingen sie die Signale der Fernmeldesatelliten, leiteten sie weiter oder beantworteten sie.

Der Standort ausgerechnet hier und noch dazu in einem Landschaftsschutzgebiet am Fuß des Hochschwabmassivs musste aus technischen Gründen so und nicht anders gewählt werden. Peichl löste das Problem auf verblüffende Weise. In eine Erdkuhle eingepasst sind die Gebäude für die Elektronik und die Überwachung der Funktionen positioniert. Daher stören sie nicht die Beschaulichkeit der Wälder, Wiesen und Weiden. Gerade diese Behutsamkeit zeichnet die aus der Nähe gigantische Anlage aus. Wohl auch deshalb wurde sie 1991 mit dem begehrten Viktor von Geramb-Dankzeichen für gutes Bauen ausgezeichnet. Und noch immer erweckt sie auch im Vorbeifahren unser Staunen, wenn sie den für unsere Sinnesorgane stumm erscheinenden Himmel abtastet. Und manches dieser Zeichen von oben ist auch dort gelandet, wo dem unendlich fleißigen Peichl (Pseudonym: IRONIMUS) in der Steiermark mit dem ORF-Landesstudio ein weiterer architektonischer Geniestreich gelungen ist. Und er hat außerdem fast ein Berufsleben lang täglich (!) für die Tagespresse eine politische Karikatur abgeliefert, die in ihm auch in Form und Inhalt einen meisterlichen Zeichner und Beobachter der Tagespolitik erkennen ließ.

DAS ORF-STUDIO STEIERMARK

Die Grazer „Peichl-Torte“

Alle von dem Architekten Gustav Peichl geplanten Bauwerke haben bald nach ihrer Vollendung im Volksmund einen Spitznamen bekommen, deren delikatest klingender für das ORF-Studio in Graz-St. Peter gilt. Man nennt den mehrstöckigen Bau mit dem sympathischen Übernamen nämlich „Peichl-Torte“. Man erkennt das Gebäude als Backwerk aber nur aus der Luft, was heute aber jede Drohne bewerkstelligen kann. Der bekannte Wiener Architekt Gustav Peichl (1928-2019) ist als Karikaturist unter dem Namen IRONIMUS ebenso berühmt wie als progressiver Planer von architektonischen Meisterwerken. Er war Schüler von Clemens Holzmeister, dann Mitarbeiter von Roland Rainer, bis er sich 1956 auf eigene Beine stellte. Seinen Werken sagt man technische Ästhetik, klassische Proportionen, Witz und Sinnlichkeit nach.

1969 wurde er nach einem Wettbewerb mit der Planung des Landesstudios des ORF Steiermark beauftragt. Danach hatte er Bundesland für Bundesland damit bedient, zuletzt 1998 Niederösterreich. Das Grazer Studio wurde 1981 eröffnet und besticht nicht nur durch seine Architektur, die innen und außen trotz der Progressivität in Kontur und Material, Farbe und Form irgendwie heimelig wirkt, seinen Funktionen als Rundfunk- und Fernsehstudio gerecht wird und die zahlreichen auch zu Lifesendungen strömenden Besucher räumlich unterzubringen weiß. Diese spüren auch, dass diese Moderne eine zeitlose Wirkung zu entfalten weiß. Im Süden der Landeshauptstadt am Rande des geschlossen bebauten Gebietes liegt es inmitten eines fast als Biotop zu bezeichnenden Landschaftsgartens, dessen besonderer Reiz auch darin besteht, dass er zugleich ein Skulpturenpark ist, der plastische Werke hoher Qualität steirischer Zeitgenossen in Einheit von Natur und Menschenwerk beherbergt.

WILHELM THÖNYS „SCHULHOF“

Steirischer Start in die Moderne

Die steirische Malerei zehrte länger als die anderen Bundesländer vom Erbe des 19. Jahrhunderts. Graz war nach dem Ersten Weltkrieg durch den Wegfall der Untersteiermark in eine Randlage geraten, blieb vorderhand eine Enklave der Plainair-Maler und Impressionisten, der Heimatkunst und der Spätfolgen des Fin de Siècle. Wenn nicht, ja wenn nicht jüngere Kräfte dennoch den Blick über die Grenzen gewagt hätten! Bei allem Respekt vor den Leistungen steirischer Maler und Graphiker der Zwischenkriegszeit hat damals doch nur ein einziger von ihnen tatsächlich internationalen Ruhm erworben: Wilhelm Thöny (Graz 1888 -New York 1949). Er war an der Gründung der Wiener Secession 1913 ebenso beteiligt wie an der Grazer 1923 und schärfte seine Sicht der Welt dann 1931 bis 1938 im damaligen Malereimekka Paris.

Sein Gemälde „Schulhof“, das 1926/27 in Graz entstand, bricht mit all dem, was die Grazer Malerei damals zum Wohlgefallen des Kunstpublikums schuf. Eine beängstigende Szenerie tut sich vor uns auf. Reflektiert sie Thönys eigene Schulzeit oder hat er die Tristesse jugendlicher Depressionen exemplarisch erfasst und wiedergegeben? Wir wissen es nicht und starren die Gesichter an, die aus dem Bild mit seiner fahlen Koloristik wiederum uns fixieren. „Schweigend ins Gespräch vertieft“, um einen Nonsensvers zu zitieren, bevölkern Schülergruppen den trostlosen Hof. Pädagogik immer schon am Ende? Wo sind die Lehrer?

1938 zog es Thöny nach New York, dessen eindrucksvolle Silhouette Manhattans er immer wieder in seinen Stadtbildern thematisierte. Ein Jahr vor seinem Tod 1949 musste er vollkommen überraschend den Schock der Vernichtung eines Großteils seiner Werke erleben. In einer Lagerhalle verbrannten fast eintausend seiner Bilder. Seine Witwe Thea schenkte nach ihrer Rückkehr aus Amerika jedoch der Neuen Galerie am damaligen Landesmuseum Joanneum zahlreiche gerettete Gemälde, sodass Graz heute über Hauptwerke des seine Zeitgenossen weit überragenden Künstlers verfügt.

EIN MODERNER TOTENTANZ

Gerald Brettschuhs Auseinandersetzung mit Tod und Auferstehung

2021 feierte Gerald Brettschuh seinen 80. Geburtstag. Damit ist er in die Reihe derjenigen Künstler aufgerückt, für die ein später runder Geburtstag kein Hindernis ist, Schaffensprozesse wie schon ein ganzes Leben lang weiterzutragen.

Der Evangelische Friedhof St. Peter in Graz ist auch in kultureller und historischer Hinsicht besonders interessant. Dort findet sich eine Fülle von Grabdenkmälern, die darauf hinweisen, wie von der Mitte des 19. Jahrhunderts an im Wirtschaftsboom der Gründerzeit zahlreiche Industrielle, Geistesgrößen und Künstler aus dem evangelischen Norden Deutschlands zuwanderten und ihr konfessionelles Bekenntnis aus der Heimat mitbrachten. Aber auch die politisch motivierte Los-von-Rom-Bewegung des traditionell national-liberal eingestellten Grazer Bürgertums brachte vor allem dem Augsburger Bekenntnis regen Zuzug. Auch die wachsende Sozialdemokratie lieferte viele Konvertiten, denn ein bloßes Austreten aus der katholischen Kirche war nicht zulässig.
Aber erst im noch jungen dritten Jahrtausend entschloss sich die Evangelische Pfarrgemeinde Graz-Heilandskirche, eine neue Zeremonienhalle in der architektonischen Sprache der Gegenwart als Auferstehungskapelle zu errichten. Architekt Werner Hollomey schuf dafür ein streng gegliedertes Bauwerk, dem der Hallencharakter schon von außen anzusehen ist. Ein Glockenträger überhöht die Fassade und tut mit dem Kreuz an dessen Spitze dem sakral-funktionalen Charakter des Bauwerks Genüge.

Bemerkenswert als malerisches Kunstwerk ist aber vor allem die innere Ausstattung. Ein Wandgemälde von Gerald Brettschuh greift das uralte Motiv des Totentanzes im bildlichen Sinn auf und aktualisiert es für die Gegenwart mit ihren Nöten und Leiden. Die Unbegreifbarkeit des Todes hat diesen Bildtypus schon im Mittelalter reifen lassen und hat von Norddeutschland bis ans Mittelmeer viele Zyklen dieses Themas in die Kunstgeschichte subsummiert. Zwar hatte man die Allgegenwart des Todes theologisch mit dem Auferstehungsglauben zu bewältigen versucht. Als die Pest, der Schwarze Tod, dem im 14. Jahrhundert ein Drittel der gesamten Bevölkerung Europas zum Opfer gefallen waren, erhob sich in den Menschen ein neues Bewusstsein, das darin gipfelte, dass man auch das Sterben wie zum Trost als dynamischen Vorgang, als ästhetischen Vorgang, als *ars bene moriendi* „Kunst gut zu sterben" lehrbar und erlernbar machen könnte. Das sind auch Ansätze, die noch heute nichts von ihrer Gültigkeit verloren haben und stets daran erinnern, dass „Jedermann" sterben müsse – vielleicht auch plötzlich und im unrechten Augenblick.

Der Totentanz des Mittelalters, wie etwa der am Karner in Metnitz in Kärnten, und seine barocken Nachfahren gingen von der starren ständischen Gliederung ihrer Zeit und von den Lebensaltern aus. Dadurch mussten alle vom Kaiser bis zum Bettler, vom Kind bis zum Greis den grell musizierenden Totengerippen in ihren Tanz in den Abgrund folgen. Heute haben diese *danses macabres* allgemein wieder besonderes Interesse erweckt. Bei Brettschuh werden die Szenen auf kräftige erdfarbene Hintergründe gestellt. Es entwickeln sich vier Gruppen, die jeweils von einem „Tod" begleitet werden. Sie begeben sich mit dieser als Skelett ganz unpretentiös auftretenden Gestalt in wechselnde Beziehungen und werden unausweichlich in den Tanz gerissen. Das nicht zu verleugnende stark graphische Element der Darstellung des Zeichners B. ist mit den Intentionen des Malers B. in eine für ihn typische, fast ironische Symbiose getreten. Er erweist sich hier auch den Herausforderungen eines religiös, aus der traditionellen Bildwelt abgeleiteten Themas in einer Zeit der Krise sakraler Kunst gewachsen. Er hat im evangelischen Milieu eine Interpretation gewagt, die auch im Katholizismus schon seit der Barockzeit verschüttet gewesen war. Und das soll ihm einmal einer nachmachen!

GROSSLOBMING

Ein altes Schloss wandert ins 20. Jahrhundert

Architekten und Baumeister sind im eigentlichen Sinne Entwerfer und Neuschöpfer von Bauwerken. Sie wurden aber seit jeher mit dem Problem konfrontiert, bereits Vorhandenes an Bausubstanz einem neuen Zeitgeist oder Stil anzupassen oder für eine neue Funktion umzugestalten. Zahlreiche Burgen und Schlösser haben auch in der Steiermark diesen Weg bis heute genommen. Ein besonders gelungenes qualitätvolles Beispiel ist der Umbau des Schlosses Großlobming aus dem 18. Jahrhundert in der kleinen gleichnamigen Ortschaft bei Knittelfeld. Dieses musste wegen der Vergrößerung der dortigen Hauswirtschafts- und Volksschule erweitert werden.

Der in diesem Zusammenhang entstandene moderne Bau war richtungsweisend und machte seit 1981 auf das Architektenpaar Karla Kowalski und Michael Szyszkowitz aufmerksam. Damals formierte sich in der Steiermark eine neue Generation ihrer Art, die zum Bekanntwerden des Landes als Kristallisationsort neuer Ideen in der zeitgenössischen Baukunst werden sollte.

Die Veränderungen im Bereich des Schlosses geschahen in Form von Zubauten, welche die gewachsene Parklandschaft so wenig wie möglich behelligen sollten. Daher verlegte man die Volksschule unter das Bodenniveau und regelte den natürlichen Lichteinfall auch für den Festsaal durch entsprechende Oberlichten. Ökonomische Raumplanung und –verteilung im Inneren sowie kühne Umrissformen des Außenbaues haben somit vor vier Jahrzehnten eine neue Entwicklung des Bauens gebracht und den beiden Architekten den Weg in eine fruchtbare Schaffenszeit geöffnet.

MENSCH UND NATUR

Othmar Krenns „Stahlstein"

Das ORF-Studio Steiermark, die „Peichl-Torte", im Süden von Graz kann mit einem Skulpturenpark aufwarten, in welchen 1985 auch ein Werk des durch einen Verkehrsunfall allzu früh aus dem Leben geschiedenen Plastikers Othmar Krenn (1952-1998) Einzug gehalten hat. Zeitweise hatte dieser in seinem Entwicklungsgang etwa durch seine „Käfigaktion" die landläufigen Vorstellungen von einem Bürgerschreck und Bohemien hinreichend Nahrung gegeben. Sein späteres Abrücken vom Aktionismus zeigt dann schon sein feinsinniges Eingehen auf die Kräfte und Mächte der gestaltenden Natur, als deren irdischen Zustand er den Stein als Felsen zu erkennen glaubte.

Nicht weniger als 60 Tonnen schwer ist der Kalkblock, den Krenn für den Skulpturenpark in eine monumentale Plastik verwandelte. Da der Künstler das durch den Menschen dem Erz entzogene Metall als für ihn schlüssiges Symbol für die Eingriffe des Menschen in die Natur betrachtete, kann man die Ummantelung des naturgegebenen Felsens mit dem artifiziellen Stahl als ein Gleichnis des Kampfes des Menschen gegen die Natur sehen, die dieser in Kultur verwandeln will. Othmar Krenn meinte dazu, dass dieser Kampf in der „Jetztzeit" keinesfalls schon ausgefochten sei. Spricht daraus der Wunsch des Künstlers, die Natur für die Ewigkeit zu konservieren? Oder ist es bereits ein Zeichen der Resignation, dass die Schöpfung bald durch Menschenhand besiegt sein könnte? Das sind Gedanken, die jetzt brennende Aktualität gewonnen haben.

MUSIK IN DREIDIMENSIONALER DEUTUNG

Gerhard Lojens „Raumpartitur“

Erzherzog Johann von Österreich hat an etlichen Stellen des Landes jeweils in ihrer Zweckbestimmung spezifische Ansitze erworben und zeitweise auch bewohnt: Brandhof, sein Radmeisterhaus in Vordernberg, Schloss Stainz, das Weingut Pickern. Als Alterssitz ließ er sich von Georg Hauberrisser dem Älteren 1841/43 das Palais Meran in der heutigen Grazer Leonhardstraße errichten, das damals in noch unverbautem Gelände mit seiner Schauseite zur Stadt hinblickte. Hier starb auch der hohe Protektor und Gestalter des Landes im Jahre 1859. Seine Nachfahren bewohnten den markanten spätklassizistischen Bau, und noch einer der Urenkel, der Dirigent Nikolaus Harnoncourt, verbrachte hier einen Teil seiner Kindheit und Jugend. 1963 zog dann die damalige Hochschule für Musik und Darstellende Kunst, die heutige Universität gleicher Ausrichtung, in das Palais ein. Dieses hat seitdem einige zeitgemäße Veränderungen als Ergänzungen und Zubauten erfahren. Dazu zählt auch ein Kunstwerk besonderer Art.

Es handelt sich dabei um Gerhard Lojens (1935-2005) Landschaft und Raum herbeirufende Installation „Raumpartitur“. Der bekannte Grazer Architekt und bildende Künstler wurde dabei vor die Aufgabe gestellt, eine funktionsgerechte Portallösung von der Straße her in den Hof östlich des Gebäudes zu schaffen. Er brachte dabei seine inneren Beziehungen zur Musik auf eine Weise zum Ausdruck, wie man sie bei einer Gestaltung im öffentlichen Raum nicht vermuten würde und Lojens fast metaphysische Denkweise erahnen lässt. Tonkunst und die Bildenden Künste in ihrer zwei- bzw. dreidimensionalen Auslegung stehen seit der Antike in enger Beziehung. Lojens gelang es dabei, zwei ganz unterschiedliche sinnliche Ebenen in Einklang zu bringen. Farbe und Bewegung, wie sie auch der Musik eigen sind, erscheinen als Metier der Malerei. Architektonisches und Dynamisches einer Notenhandschrift oder Partitur können aber auch als eine Graphik gelesen werden. Als Architekt brachte Lojen vorzugsweise aber auch als Raumgestalter wohl als einer der Ersten eine Partitur in ein plastisches dreidimensionales Gefüge, etwas, das sehr mit Tendenzen der vor etwa 50 Jahren aufgekommenen *land-art* zu tun hat. Sein Wort erklärte der Künstler mit folgenden Worten: *„Ausgehend von einer konventionell geschriebenen Partitur, in der Tonhöhenbewegung und parallele, auseinander oder gegeneinander laufende Stimmführungen aufgezeichnet sind, entstand als eine Darstellung sich im Raum bewegender und bewegter Klangflächen eine netzartige dreidimensionale Struktur, die sich zwischen 168 senkrechten Stäben entwickelt und die ich als Raumpartitur bezeichne“.*

DIE PFARRKIRCHE ST. BARBARA IN BÄRNBACH

Gemeinhin als „Hundertwasserkirche“ bezeichnet

In der damals vom Braunkohlebergbau geprägten weststeirischen Stadt Bärnbach, damals noch nicht in diesen Rang erhoben, wurde 1948 bis 1952 nach Entwürfen des Grazer Architekten Karl Lebwohl eine der Bergbaupatronin St. Barbara geweihte Kirche errichtet, die heute als Denkmal der spärlichen technischen, finanziellen und vor allem baumaterialbedingten Engpässe des Bauens in der unmittelbaren Nachkriegszeit gelten kann. Mit Turm, Langhaus, Musikempore und Presbyterium war sie noch durchaus traditionell orientiert und lag damit vor der nächsten Generation steirischer Kirchenbauten der 50er-Jahre, die dann ein eigenwilligeres Raumverständnis zeigten.

1988 wurde das Gotteshaus im Stilwillen und nach Plänen des Wiener Malers Friedensreich Hundertwasser (1928-2000) umgebaut und ausgestattet, der dem vorher durch seine Schlichtheit auffallenden Sakralbau eine märchenhaft bunte, phantasievolle neue Hülle verlieh. Bezüge zum Wirken der Natur, wie sie der frühe Ökologieapostel Hundertwasser schon in den 60er-Jahren des 20. Jahrhunderts gepredigt hatte, ja sie ihr teilweise überließ, sind auch in Bärnbach allenthalben zu spüren. Da gibt es Asymmetrien in der Gestaltung von Dach und First, grasbewachsene Gesimse und Erker und die Wahl entsprechender Farben für die keramischen Elemente des Außendekors.

Im Inneren symbolisiert in der Taufkapelle ein Glasfenster mit der Hundertwasser-Spirale das Treiben und Gedeihen der Natur und des Menschen als eines Teils derselben. Der Meditationspfad um die Kirche mit seinem gewellten Boden führt durch viele Tore, an denen die in kräftigem Mosaik gehaltenen Symbole der Religionen rund um die Erde die verschiedenen möglichen Wege zum Göttlichen versinnbildlichen. Dies alles ist vielfach nicht unwidersprochen geblieben und gibt noch immer Raum für Diskussionen. Interessant ist, dass Hundertwasser bei der Ausstattung des Inneren mit dem heimischen Künstler Franz Weiß (1921-2014) zusammenarbeitete, mit welchem er seit der gemeinsamen Studienzeit an der Akademie der Bildenden Künste in Wien ein Leben lang befreundet gewesen war. Weiß war schon beim Ursprungsbau mit einem symbolgewaltig mahnenden mosaizierten Kriegerdenkmal vertreten und fügte den Ideen seines Freundes dann auch noch Glasfenster seines eigenen Willens hinzu.

DIE PFARRKIRCHE ST. FLORIAN ZU AIGEN IM ENNSTAL

Sprache unserer Zeit in traditionell bäuerlichem Umfeld

Zu den jüngeren, aber nicht minder eindrucksvollen Kirchenbauten in der Steiermark zählt die Pfarrkirche zum hl. Florian in der Fremdenverkehrsgemeinde und Bundesheer-Garnison Aigen im Ennstal. Sie wurde nach Plänen des heimischen Architekten Volker Giencke erbaut und 1992 für eine Gemeinde eingeweiht, die trotz ihrer gewachsenen Bedeutung noch ohne eigenes Gotteshaus geblieben war. In seiner eigenwilligen, keinerlei Elemente überlieferter Architektur aufnehmenden Konstruktion ist dieser Sakralbau in bestimmender Weise mit dem notwendigen Pfarrhof verbunden, nimmt diesen gleichsam unter seine Fittiche. Während bei Letzterem Holz in seiner lebendigen Struktur als Baumaterial aus der waldreichen Gegend naturhafte Bezüge herstellt, ist das wie ein Bootsrumpf gestaltete Kirchendach nach derselben Idee mit Gras bewachsen. Auf diese Weise gibt Giencke der Natur wieder ein Stück Architektur zurück. Er kommentiert dies mit Worten: *„Wir haben der Natur etwas genommen und geben es ihr auf diese Weise wieder zurück“*.

Ins Artifizielle zurück führt der zeichenhaft ein Kreuz in den Himmel schreibende Kirchturm aus Stahl und Glas. Das lichtdurchflutete Innere mit seiner wandelbaren Kombination farbiger Glasscheiben erlaubt stets neue Variationen des mystischen Gedankens von der Erscheinung des Göttlichen als Licht. Die sanft schwingenden Bankreihen geben dem Innenraum eine zusätzliche raumgreifende Dynamik.

DIE DORFKAPELLE DES MALERS FRANZ WEISS

Ein Gesamtwerk aller Künste in Tregist bei Voitsberg

In der Nähe des einst florierenden weststeirischen Braunkohlereviers von Voitsberg lebte im Tregistgraben einst der Maler, Graphiker und Bildhauer Franz Weiß (1921-2014). Er war einer der Letzten im Lande, der die alten künstlerischen und handwerklichen Traditionen der christlichen Bilderflut, der göttlichen Personen und Heiligen weiterführte und sich dabei durch nichts ablenken ließ. Seine Wandmalereien, Glasfenster, Skulpturen und Emailarbeiten verleihen unzähligen Kirchen, Kapellen, Bildstöcken, Denkmälern und Friedhöfen der Steiermark und ihrem Umland bis Südtirol und Bayern unverwechselbare bunte Akzente. Er war kein „selbstgezügelter" Künstler, sondern hatte in allen Ehren ein Studium als Maler und Bildhauer an der Wiener Akademie der Bildenden Künste absolviert.

Es wäre falsch, das Universalgenie Weiß nur als einen anachronistisch schaffenden Handwerker zu sehen. Seine Werke blicken uns mit großen staunenden Augen an, wie sie schon in der antiken Kunst und dann wieder seit der Romanik zum Ausdruck der Berührung des Menschen mit dem Göttlichen geworden sind. Später hat dann auch noch der Expressionismus diese Mimik und Gestik aufgenommen. Stilisierung und die Abstraktion von Naturformen lassen Weiß durchaus auch ohne modernistisch zu sein als Maler der Moderne erscheinen. Die Tregister Dorfkapelle entspringt der persönlichen fast naiven tiefen Frömmigkeit und Gläubigkeit dieses weststeirischen Künstlers. Sie entstand in den Jahren 1990 bis 1992 und ist in ihrer Art einzigartig, ist sie doch innen und außen vollständig von seiner Hand bemalt und ausgestattet worden. Sie ist eigentlich die Einlösung eines Gelübdes, das er als Soldat an den Fronten des Zweiten Weltkrieges getan hatte, wenn er wieder lebend aus der Hölle der Kämpfe heimkehren könnte, was auch geschah.

Die Malereien der Außenwände gehen von Christus als Weltenrichter im Kreise der Apostel aus und zeigen heilige und heiligmäßige Personen bis hin zu Gestalten, die Glauben und die soziale Welt der Gegenwart geprägt hatten. Im Inneren weist der in Hinterglasmalerei gehaltene Flügelaltar eine ganz seltene Darstellungsweise der Gottesmutter Maria als „Knotenlöserin", somit als Helferin und Trösterin in allen menschlichen Belangen dar. Geburt und Leiden Christi sind die Inhalte der figuralen Glasfenster nach seinen Entwürfen.

EIN PFERD AUS SPIEGELN

Gustav Troger und sein Köflacher „Glaslipizzaner"

Verbal etwas sperrig nennt Gustav Troger seine Spiegelskulptur vor dem neuen Köflacher Rathaus „Mirror-Displacement # 4". Im heimischen Volksmund hat sich dafür längst der Name „Glaslipizzaner" herausgebildet und der trifft den Nagel auf den Kopf. Köflach ist der zentrale Ort, zu welchem das Bundesgestüt Piber, die Heimat der edelsten aller Pferderassen gehört. Von hier aus kommen die begabtesten Rösser zum Dienst in die Wiener Spanische Hofreitschule. Und im nahen Bärnbach besteht eine berühmte Glashütte, die diese zerbrechliche Materie nicht nur zu nützlichen Gefäßen aller Art, sonder auch zu edlen Kunstwerken formt.

Troger, Jahrgang 1951, hat über diese lokalpatriotischen Motivationen hinaus auch eine persönliche Philosophie über den Spiegel entwickelt. Seine Erkenntnis gipfelt in der Aussage, dass ein solcher das schnellste Medium sei, da in ihm ein Bild der Wirklichkeit ganz unmittelbar und physikalischen Gesetzen folgend entworfen werde. Der Passant, der dieses eigenwillige Kunstwerk in Augenschein nimmt, sieht sich also selbst gespiegelt und so mag wohl Gustav Trogers eigenwilliges Ross ohne Reiter hoch oben an der Fassade des Köflacher Rathauses mehr über den Betrachter zu sagen wissen als über sich selbst.

Unter seinen zahlreichen Pseudonymen, unter denen er auftritt, sticht „The Mirrorman" hervor.

DER GLEISDORFER SOLARBAUM

Ein Kunstwerk, das sich selbst erhält

Die im ländlichen Umfeld der Oststeiermark gelegene Stadt Gleisdorf ist im Verlauf der letzten sechs Jahrzehnte längst zu einer Industriestadt geworden. Sie hat sich aber trotzdem noch einen gewissen biedermeierlichen Charme aus jener Zeit bewahrt, als sie in der Postkutschenzeit noch Poststation auf dem Wege nach Ungarn gewesen war. Heute wird Gleisdorf gerne als die „Solarhauptstadt Österreichs" bezeichnet und trägt dem auch durch ihre Energiepolitik insofern Rechnung, als hier besonderer Wert auf erneuerbare Energiequellen gelegt wird. Hartmut Skerbisch (1945-2009), dessen bekannteste Schöpfung nach wie vor das „Lichtschwert" vor der Grazer Oper ist, hat dieser lobenswerten Gleisdorfer Energiepolitik 1998 auch ein künstlerisch gestaltetes Symbol gewidmet. Unweit der Stadtpfarrkirche im Zentrum der Stadt ragt dieses Zeichen bis in eine Höhe von 17 Meter empor. Es erweckt nicht nur ästhetisches Wohlgefallen, sondern erzeugt mit seinen Solarzellen auch elektrische Energie, die der Stadt beträchtlichen Nutzen bringt.

Der Stamm und die fünf Äste des „Baumes" bestehen aus Stahl, während die Blätter aus 140 Photovoltaikmodulen gebildet sind, die pro Jahr 6600 Kilowattstunden erzeugen. Damit werden immerhin 70 Straßenleuchten der Innenstadt mit elektrischem Strom versorgt. Es ist kein Wunder, dass dieses Objekt zwischen Kunst und Technik mit dem Europäischen Solar-Preis, einem begehrten Umweltpreis, ausgezeichnet wurde.

DIE LÄNGSTEN EISENBAHNSCHIENEN DER WELT – ULTRA...!

Ultrahart / ultrarein / ultraeben / ultralang

Die Steiermark, das einstige mitteleuropäische Kernland der Eisenindustrie, hatte schon im Vormärz, gerade was den Eisenbahnbau betrifft eine historische Vorrangstellung besessen. Bekanntlich errichtete Erzherzog Johann zur Versorgung der Vordernberger Radwerke mit Eisenerz 1835 wenige Monate vor der Eisenbahnlinie Nürnberg-Fürth in Bayern, wo bereits eine Dampflokomotive vorgespannt worden war, die Erzbringungsbahn nach dem südlich davon gelegenen Montanort Vordernberg. Man verwendete dabei, weil man noch kein deutsches Wort parat hatte, *rails,* also Eisenschienen, und *reels* Eisenräder. Allerdings zogen noch Pferde die Erzwaggons.

Das Werk Donawitz der Österreichischen Alpine-Montangesellschaft erzeugte ebenfalls auch schon Eisenbahnschienen. In den 70er- und 80er-Jahren des 20. Jahrhunderts war das Eisenhüttenwerk wiederholt von Bankrott und Zusperren bedroht. Heute schreitet der Konzern *VA Schienen* als Tochter der Voestalpine Stahl AG dank eines neuartigen Produkts wohlgemut in die Zukunft des dritten Jahrtausends.

Es handelt sich um ein steirisches wahrhaftiges technologisches Meisterwerk. Das weltweit modernste Schienenwalzwerk ist der Ausgangspunkt dieses Erzeugnisses. Dessen Werkshalle ist so groß, dass sie sich von Leoben-Donawitz über die Ortsgrenze bis in die Nachbargemeinde St. Peter-Freienstein erstreckt. Das sensationelle Erzeugnis sind die mit 120 Metern längsten Eisenbahnschienen der Welt. Eine Jahresproduktion davon würde aneinandergereiht von Nordeuropa bis nach Südafrika reichen! Diese Schienen sind schweißstoßfrei und kopfgehärtet, ultrahart, ultrarein und ultraeben und auf fast allen Eisenbahnlinien der Welt in Verwendung. Sie haben erwiesenermaßen eine um 15% höhere Lebensdauer als vergleichbare auswärtige Produkte. Der Stahl für diese Schienen kommt gleich von nebenan, nämlich dem L(inz)-D(onawitz) Stahlwerk. Es ist ein imponierender Anblick, wenn die Züge mit speziellen Waggons für den Transport dieses technischen Wunders das Werk verlassen. Denn mit ihrer Geschmeidigkeit macht diese Schiene auch die Kurven des Transportweges mit.

DAS GRAZER „RESOWI“

Der größte Hochbau des Landes

Wo sich früher die Studenten der Sportwissenschaften tummelten, wurde 1996 hinter dem Altbau der Karl-Franzens-Universität und der Universitätsbibliothek auf einem relativ schmalen Grundstück der dem Volumen nach größte Hochbau der Steiermark vollendet. In der verkürzenden Sprache des studentischen Alltags ist er bald zu seinem Namen RESOWI gekommen, der den Neubau der „Rechts-, Sozial- und Wirtschaftswissenschaftlichen Fakultät der „Uni“ meint. Das Architektengespann Hermann Eisenköck und Günther Domenig hat mit diesem Jahrhundertbau 33 Institute, eine Fakultätsbibliothek, ein EDV-Zentrum, eine Aula, zahlreiche Hörsäle und Seminarräume und eine Cafeteria im wahrsten Sinne des Wortes unter ein Dach gebracht.

300 m lang ist der Koloss, der aber nicht wie ein solcher wirkt, da räumliche Elemente eine Gliederung bringen, die aus der Baumasse seitlich herausragen und der Harmonie von 50 m Breite und 30 m Höhe einen zusätzlichen Reiz verleihen. Der Bau bietet 10.000 Studenten Platz. Städtebaulich gesehen hat das Bauwerk sich einem sensiblen Umfeld problemlos angepasst und die öde Rückseite des Altbaues der Universität und Universitätsbibliothek mit ihrer Addition von gleichartigen Fensteröffnungen verblendet. Mit seiner Höhe hat es auch den spätgründerzeitlichen Wohnbauten der Heinrichstraße keine Gewalt angetan. Die Architekturkritik hat dieser enormen planerischen Leistung hohes Lob gezollt, wenn etwa Liesbeth Waechter-Böhm sagt, „dass dieser Bau als eine Art Körper aufgefasst ist, der ein Rückgrat hat, um das sich die Muskeln eines komplexen Raum- und Funktionsprogrammes entwickeln“.

TROPISCHER REGENWALD MITTEN IN GRAZ

Volker Gienckes „Palmenhaus"

Palmenhäuser waren im 19. Jahrhundert die ersten Vivarien, die über die barocken Orangerien und die Glashäuser zum Zwecke der Blumen- und Gemüsezucht hinausgingen. Sie folgten erstmals Leitlinien, wie sie die Wissenschaft der Botanik vorgaben. So entstanden vor anderthalb Jahrhunderten im nobelsten der Grazer Villenviertel an der Schubertstraße neben dem Botanischen Institut der Karl-Franzens-Universität Glashäuser, in denen vor mehr als wiederum einem Jahrhundert Palmen überwinterten, die Victoria regia blühte und Kakteen das ihnen angemessene Klima vorfanden. Wie bei den imperialen Wiener Palmenhäusern im Burggarten und im Park von Schloss Schönbrunn war aber die Lebensdauer dieser frühen Ingenieursbauten aus Stahl und Glas endlich doch auch abgelaufen.

1995 konnte in Graz ein zeitgemäßer Nachfolgebau fertig gestellt werden, der die ganze Bandbreite seines Schöpfers, des steirischen Architekten Volker Giencke zeigt. Dieser hatte ja schon mit der Florianikirche in Aigen im Ennstal Aufsehen erregt. Hier in Graz waren die Forderungen von Mensch und Pflanze im gleichen Maße wie in Wien zu erfüllen. Man sollte meinen, dass damit das rein Funktionelle alles andere überdecken müsste. Gienckes Philosophie stellte aber der wachsenden Natur der wärmebedürftigen Pflanzen eine nach seinen Worten *„kristallene organische Welt"* gegenüber, deren kühne Asymmetrien und manieristisch laufenden falschen Perspektiven eine in hohem Maße reizvolle Ästhetik begründen. Jetzt sind sie wieder behaust, diese Exoten, und wenn sich alle mechanisch beweglichen Klappen nach Außentemperatur und Sonnenstand öffnen und schließen, wenn Regen die Urwaldbäume beträufelt und selbst das Licht in seiner Menge und Intensität geregelt wird, dann zeigt sich, dass der Mensch als Architekt und Techniker die Atmosphärilien zwar nicht vollkommen beherrschen, wohl aber zum Zwecke von Forschung und schauendem Ergötzen im Kleinen nachahmen kann.

DIE WIEDERERSTANDENE GRAZER SYNAGOGE

Das Miteinander der Religionen und der Menschen

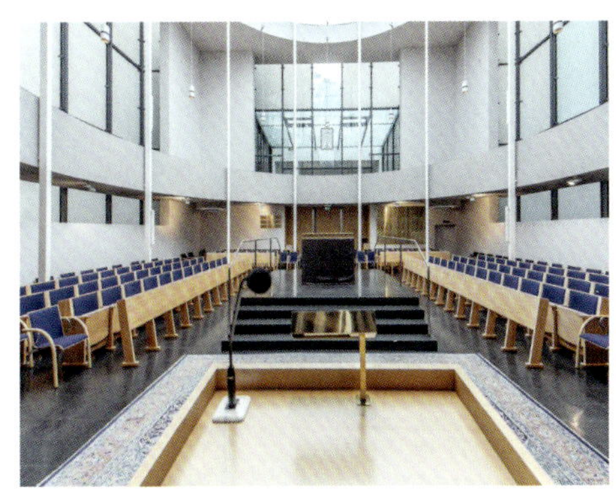

Seit 1851 durften sich Juden in der Steiermark wieder ansiedeln, nachdem sie durch ein landesfürstliches Edikt bereits 1496 von hier vertrieben worden waren. Damals war wegen des noch geltenden biblischen Zinsverbots Christen das Verleihen von Geld untersagt und nur jüdische Bankiers verfügten, weil sie diesem Gebot nicht unterlagen, über die nötigen Kapitalien für Geldgeschäfte. Der steirische Adel war deshalb bei ihnen hoch verschuldet und suchte nach einem Ausweg, um aus diesem Dilemma auszusteigen. Der Kaiser, damals Maximilian I., vertrieb nun 1496 die Juden, indem er der Bitte der Landstände nachkam. Er verlangte aber eine Kompensation für den Entgang der Judensteuer. Ein großer Teil wandte sich nach Ungarn, das damals nicht zu den Erblanden gehörte und war dort nun mit Leib und Leben halbwegs sicher.

Als 1851 das Ansiedlungsverbot endgültig gefallen war, bildete sich zwangsläufig die größte steirische Judengemeinde in der Landeshauptstadt Graz, wie dann die Israelitische Kultusgemeinde für die nötigen religiösen und kulturellen Strukturen in Wetzelsdorf einen eigenen Friedhof entstehen und auch eine Synagoge in orientalisierenden Bauformen im vorstädtischen Griesviertel am rechten Murufer erbauen ließ.

Sowohl Friedhofsgebäude als auch Synagoge wurden in der Nacht vom 9. auf den 10. November 1938, der Reichspogromnacht, geschändet, in Brand gesteckt und vollständig dem Erdboden gleichgemacht. Gleichzeitig wurde auch eine große Zahl von Gemeindemitgliedern verhaftet und ins KZ Dachau eingeliefert. Den Landesrabbiner David Herzog versuchte man sogar in der Mur zu ertränken. Die Grazer jüdische Gemeinde wurde teils in die Emigration gezwungen, später in dem bekannten Prozess des Holocaust / der Shoah in den Tod geschickt. Die wenigen Juden, die nach 1945 wieder nach Graz zurückkehrten, waren so gering an der Zahl, dass ein kleiner Betsaal im Verwaltungsgebäude der Gemeinde für die Aufrechterhaltung der Kultur genügte.

Die Stadt Graz fasste im Gedenk- und Bedenkjahr 1988 im Einvernehmen mit der Kultusgemeinde den Beschluss, über den ausgegrabenen Fundamenten der alten Synagoge eine neue im Gedenken an die Grazer Opfer zu errichten. Das heimische Architektenpaar Ingrid und Jörg Mayr (+1999) entwarf die Pläne dazu. Der neu entstandene Kultbau nimmt in seiner Form Symbole des jüdischen Glaubens auf. So besteht die Konstruktion der zentralen Glaskuppel aus zwölf Säulen, welche die zwölf Stämme Israels versinnbildlichen. Und die Überschneidung der tragenden Bögen zeigt den Davidstern. Hebräische Texte aus der Thora in der Kuppel sind zugleich meditative wie auch ornamentale Elemente des Bauwerks. Außenteile wurden auch aus geborgenen Ziegeln der ersten Synagoge aufgemauert. Im November 2000 wurde der Bau feierlich seiner Bestimmung übergeben.

FAT CAR

Der fette Bolide des Erwin Wurm

Das Automobil ist unbestritten das am meisten kontrovers diskutierte und zugleich am meisten geliebte Kultobjekt der Gegenwart. Es ist rigider Gebrauchsgegenstand wie trendiger Modeartikel zugleich, Mordinstrument wie Traumgefährt der angeblichen Freiheit. Was Wunder also, dass sich ein Zeitgenosse wie der Brucker Erwin Wurm, Jahrgang 1954, im Jahre 2002 in ironisch-satirischer Weise damit auseinandersetzte und ein in seiner Aufgeblasenheit ziemlich schwierig zu handhabendes Objekt schuf, das jenseits aller konventionellen Skulptur anzusiedeln ist.

Die Pop Art hat sich vor mehr als 60 Jahren auf den Weg gemacht, um sich auch humorvoll mit den Produkten der Moderne zu beschäftigen, wie einerseits zu enttarnen und andererseits zum Kunstobjekt empor zu stilisieren. Aus diesem Blickwinkel ist auch Fat Car in der Neuen Galerie am Universalmuseum Joanneum in Graz zu betrachten. Aber hat nicht auch schon Albrecht Dürer für die Holzschnitte zum Triumphzug Kaiser Maximilians prachtvolle, üppigst geschmückte Holzschnitte entworfen, deren Gebrauchswert stärkstens anzuzweifeln ist? Auch Wurms Motorfahrzeug hat durch seine Monstrosität jegliche Funktion und Fahrtüchtigkeit eingebüßt. Es ist zugleich Popanz wie auch reiner Kunstgegenstand geworden. Gute Fahrt und komm gut heim!

DIE GRAZER STADTHALLE

Österreichs modernste Mehrzweckhalle

In Asien, besonders in Indien, gibt es vielbewunderte Riesentempel, deren Kulthallen von eintausend Säulen getragen werden. Die neue Grazer Stadthalle hat daher in der Welt der Architektur gewaltiges Aufsehen erregt, weil ihre Innenfläche von 4500 m^2 keiner einzigen Stütze bedarf. Lange hatte man in Graz darum gerungen und diesmal hatte „Weile“ tatsächlich ein „gut Ding“ ergeben.

Klaus Kada, Jahrgang 1940, heißt der Schöpfer dieses Baues, der nun auch der immerhin zweitgrößten Stadt Österreichs eine Multifunktionshalle sondergleichen hinbaute. Früher war an dieser Stelle die „Industriehalle“ der Grazer Messe gestanden. Die neue Halle ist voll klimatisiert und weist modernste Steuerungs- und Beleuchtungstechnik auf. Für besondere Anlässe ist ihre Fläche sogar auf 14.000^2 erweiterbar. Sie fasst 10.000 Steh- bzw. 8000 Sitzplätze. Kadas Bau imponiert aber nicht nur durch seine Größe, die sich auch in dem vielleicht größten Flugdach kundtut. Das architektonische Raumkonzept unter der gewaltigen Dachkonstruktion ist durch Glasfassaden bestimmt, die ein visuelles Ineinandergreifen von Außen und Innen ermöglichen und gleichzeitig doch durch Blenden in der Lage sind, eine imponierende, von der Außenwelt separierte Welt zu schaffen.

Kaum fertiggestellt, hatte der Bau im Herbst 2002 bereits die Mystik einer Kathedrale entwickelt, als der Dalai Lama hier vor seinen Verehrern aus aller Welt tibetisch-buddhistische Zeremonien zelebrierte. Und seitdem erbrachten hier Veranstaltungen von der Großausstellung bis hin zu Riesenkonzerten den besten Beweis dafür, dass die Landeshauptstadt Graz tatsächlich auch eine europäische Hauptstadt der Architektur ist.

FRIENDLY ALIEN

Viel gescholtenes und heiß geliebtes Grazer Kunsthaus an der Mur

Viele Jahrzehnte lang hatten Stadt und Land sowie Künstler und Kunstkritiker um ein Ausstellungsgebäude für die zeitgenössische Kunst gerungen, hatte sich doch das Grazer Künstlerhaus aus der Nachkriegszeit außerhalb des Burgtores im Stadtpark schon längst nicht mehr als dafür geeignet erwiesen. Geplant und wieder verworfen wurde so manches Projekt, bis endlich die Erwählung der steirischen Landeshauptstadt zur Kulturhauptstadt Europas 2003 die Fronten aufbrach und ein Bauwerk hervorbrachte, das heutzutage fast ungeteilte Bewunderung findet und gerade wegen seiner architektonischen Einmaligkeit und seiner Einbindung in ein Vorstadtviertel an der Mur en passent im kreativen Volksmund den Namen eines freundlichen Geschöpfes aus anderen Welten, eben eines *Friendly Alien* bekam. Denn dieser Häuserblock ist vorwiegend von Barock und Klassizismus geprägt. Graz sei über sich selbst hinausgewachsen, befand man in anderen Städten und selbst in Wien wäre die Realisierung eines solch kühnen Gebäudes kaum möglich gewesen. Und das sagten auch die erfahrenen beiden britischen Architekten Peter Cook und Colin Fournier, die den Architekturwettbewerb um das Kunsthaus für sich entschieden hatten. Sie fügten auch verschmitzt hinzu, dass die „blaue Blase" oder das „Organtransplantat" versuche „sich anzupassen".

Man wollte kein steifes Museum schaffen, sondern einen Ort, wo die Leute gerne hingehen würden. Einzigartig ist übrigens auch die bestens gelungene Verbindung mit einem technischen Denkmal ersten Ranges, dem „Eisernen Haus", einem Vergnügungstempel der Biedermeierzeit, der 1847/48 als einer der frühesten Ingenieursbauten Österreichs aus vorgefertigten Gusseisenteilen errichtet und mit einer schön figurierten Fassade in der Ornamentik des romantischen Historismus versehen wurde, die nun wieder ihre volle Pracht zeigen kann.